马来西亚旅游指南

MALAYSIA

花园国度

外交官带你看世界

马来西亚

何承伟
丛书总策划
吴德广 著

上海故事会文化传媒有限公司
上 海 锦 绣 文 章 出 版 社

名誉顾问

王　殊　外交部外交笔会会长、外交部前副部长

吉佩定　中国前外交官联谊会会长、外交部前副部长

总策划

何承伟　上海文艺出版集团总编辑

主　编

张　兵　外交部外交笔会副会长

外事顾问

刘一斌　外交部外交笔会副会长

汤铭新　中国前外交官联谊会副会长

马恩汉　中国前外交官联谊会副会长

刘振堂　中国前外交官联谊会副会长

英语顾问

施燕华　外交部外语专家、中国翻译协会常务副会长

文稿审定

外交部外交笔会图书审核小组：

黄桂芳　尹承德　陈久长　朱祥忠　潘正秀　陆苗耕

编辑与营销

冯　杰　李　欣　夏青根　李　平　谢奕青　冯维恩

杨　婷　汪冬梅　赵卓琳　高淑芳　程　俊

流程管理

韩　洁　王玉楠

设计总监

周艳梅

装帧设计

王　伟　孙　娌　费红莲　杨超琼　张独伊　颜　明

广告与宣传

吴珏伟

特约审读

王瑞祥

图片提供

马来西亚旅游局　吴德广

BANGUNAN SULTAN ABU BAKAR

跟着外交官到地球别处去看看

一年前，我在上海遇到一对老人，他们俩一退休，就去欧洲旅游了85天。

出于好奇，我问他们："难道你们在中国都游遍了？"

他们说："没有。我们是先游远的，后游近的。"

我又问："你们俩不懂英语，没有出过国，又不靠旅行社，是什么力量支撑你们去周游世界的呢？"

老人意味深长地说："人都怕死，但更怕没有目标。年轻时有年轻时的目标，今天有今天的目标。"

"那你们今天的目标是什么？"

"今天，我们就盼望着到地球的别处去看看。"

听了这对老人的话，我才感悟到："富起来的中国人，盼望着到地球的别处去看看。"——这就是世界旅游业普遍感到"寒气逼人"时，中国出境游市场仍处于上升通道，保持两位数增幅的原因。

这对我一个出版工作者来说，不仅是个服务的机会，更是一个发展事业的机会。

所幸的是，在一个偶然的机会，我遇到了一大批前外交官。他们不仅熟悉如今中国人的需求，同时也了解曾经工作过的国家的情况。他们在岗位上时，是中国人民与所在国人民的友谊使者，今天，他们是否可以把自己多年的

积累和感受，浓缩在一本10万字不到的图书之中，通过这本书，架起一座国与国之间的友好桥梁？

于是，一套富有创意的系列图书诞生了：《我们生活在同一个地球——外交官带你看世界》。在这套图书出版的过程中，我们还得到了有关国家的驻华大使馆、旅游机构人员的大力支持，他们不仅提供精美的图片，有的还制作了反映该国旅游资源的光盘，力争使《我们生活在同一个地球——外交官带你看世界》成为立体展示该国家旅游资源的全媒体图书。

我和我的同事们力争这套大书，能在2010年5月，上海世博会期间陆续出版。届时，至少有7000万中国和世界的朋友相聚在浦江两岸。这套书就不仅在中国人出境旅游时起到作用，即使在世博会期间，也能在参观者与参展国之间架起一座座桥梁。

《我们生活在同一个地球——外交官带你看世界》第一批约40种，今后力争做到凡是中国人出境游所涉及的国家都能出版一本。同时，为了使我们的成果具有持续性，我们每年都会对这套书进行修订，提供最新的文化信息和实用信息，使中国的读者，慢慢产生一种概念：要出境旅游，就找《我们生活在同一个地球——外交官带你看世界》，届时，这套书就将成为中国图书市场上的一个响当当的品牌产品。

2010年5月

上海文艺出版集团 总编辑 何承伟

致辞

作者吴德广先生为资深外交官、礼宾官，是中国首任驻马来西亚古晋总领事。任职期间，吴德广先生为中马两国友好合作关系做出许多贡献。2003年，马来西亚沙捞越州元首授予他 PBS 荣誉勋章。

作者在古晋工作生活 4 年多，广泛接触州政府官员和当地人民，与他们建立了深厚的友谊。他有机会应邀游览东马来西亚和西马来西亚很多地方，观赏到那里得天独厚的自然风光，对马来西亚的历史、地理、文化、民族、风俗、礼仪等方方面面有着较深刻的了解。《花园国度——马来西亚》一书包括《我所认识的马来西亚》、《不可不去的旅游天堂》、《独特的民俗和礼仪》三部分，大多是作者亲历、亲见、亲闻，是从外交官的视野向读者推介马来西亚。该书内容丰富，资料翔实，文字流畅，描写细腻，的确是一本介绍马来西亚丰富旅游资源的好书。

我于 2004 年至 2006 年出任驻马来西亚大使，同吴德广先生一样，也有着该国是一个花园国度的深切感受。在此，我特向读者推荐这本书。

2010 年 4 月 26 日

中国前驻马来西亚大使、中国前外交官联谊会副会长 王春贵

序言

中国驻古晋第一任总领事吴德广先生是一位学识渊博，长于文学，著作宏富的外交使节。他1994年8月在古晋任职，至1998年8月荣休。在职期间，他与沙捞越各族人民建立深厚的友谊。荣休之后，他返回北京，在古晋国际时报发表他对沙捞越和沙巴的回忆文章，后来辑录成书，名为《犀鸟情思》。这本具有文学、社会学和历史学意义的名著，令读者深感敬佩。

现在，吴德广先生将出版第二本有关于马来西亚的著作，书名为《花园国度——马来西亚》

《花园国度——马来西亚》不但书写了马来西亚各地如诗如画的秀丽河山，还网罗了许多历史的与现代的事物。这些事物也展示了它们的美丽风采。说它们是花园国度里的红花绿叶一点也不错。

举例来说，马来西亚多元民族社会的历史背景，风俗习惯，文化教育，文学发展，社团活动，土著民居，文化村落，都有本国的特色。

就地理环境而论，东马和西马各处地区，地势迥殊，形成终年不同的气候。西马的云顶高原，东马的神山公园，长年有如春天。其他特殊的自然风光，有原始森林，红树林，尼亚石洞，姆禄山岩等。

特异的景点，包括观看姆禄山300万只蝙蝠飞出山洞的壮观景象，在美里参观100年前开发石油的第一口油井，在尼亚观看土著采燕窝的惊险作业。

各族的特异服装，和各地的著名食品，都会吸引许多游客到来观赏和品尝。

至于参观的地方,那是随处都是。植物园,公园,蝴蝶公园,人猿保护中心,海洋公园，博物院，华人历史博物馆，华人最早定居的老街坊，以及华人的各种神庙，都是游人常到之处。

闻名的史迹，多数与华人有关，著名的郑和历史，孙中山故居，卓还来烈士墓，都是中国人所要参观的地点。

书名为《花园国度——马来西亚》，的确到处都充满花园的景象。它们的美丽,不只是来自迷人的椰林,软风中翻飞的绿树,与一片旖旎的田野风光。即使城乡中展现的民族和睦，与进步中的社会风貌，都点染着花园般的美丽色彩。

我们长住在马来西亚，对于这个花园的国度，远不如吴德广先生敏感，也缺少他观察事物的深度。他在《花园国度——马来西亚》的“幸会马来西亚”一文中说：“马来西亚如梦如画的美景，让我无法忘记。当我在外交部礼宾司任参赞时，曾随我国领导人访问马来西亚。她让我一见钟情。”

只有吴德广先生，让《花园国度——马来西亚》得到钟情于她的知音，给她点缀出那如梦如画的美景。也只有吴德广先生才能把《花园国度——马来西亚》的多姿多彩融入仙境似的意境,而在这本书中,充分地表现出来。

马来西亚沙捞越华人学术研究会会长　房汉佳博士

2009 年 12 月 20 日

导言

幸会马来西亚

“海内存知己，天涯若比邻。”这是马来西亚沙巴州旅游、文化兼环境部长——拿督章家杰在我于 2003 年 11 月随团重游沙巴州时赠送我的画册上的题词。这本美丽的画册常常使我回忆起充满魅力的马来西亚。

马来西亚如梦如画的美景，让我无法忘记。当我在外交部礼宾司任参赞时，曾随我国领导人访问马来西亚。她让我一见钟情。

1994 年 3 月，我被国务院任命为中华人民共和国驻古晋总领事。同年 8 月 3 日驻古晋总领事馆正式开馆。直至 1998 年 8 月底我离任回国，在马来西亚古晋任职 4 年多。

任职期间我经常出入吉隆坡，走访了沙捞越州和沙巴州的很多城镇，广泛地接触当地政府官员和人民，留下了美好的回忆，难忘的友情。

沙捞越州是马来西亚最大的一个州，面积为 12 万多平方公里。沙巴州为马来西亚的第二大州。两州面积共 20 多万平方公里，占马来西亚总面积 60%。人口共 320 多万。沙捞越州有 26 个民族（注：关于沙捞越州民族，有一说，沙捞越州内陆民族公会声称已经拥有 25 个大小族群，再加上伊班人、华人、马来人、印度人、爪哇人等，已有 32 个），沙巴州则有 30 个民族。土著族占两州人口第一，其次是华族，马来族为第三。上述两州被称为东马来西亚,位于加里曼丹岛（原称婆罗洲）西北部，历史上属文莱，1888 年两地沦为英国保护国。1963 年 9 月加入马来西亚，但根据两州加入马来西亚联邦时签订的条约，他们在移民、土地、森林等方面保留相对的独立性。

马来西亚是热带雨林天堂，我在马来西亚任职期间，亲见目睹那里充满着魅力的美丽景色。那些如诗似画的风光吸引我，震撼我。那里蓝天白云碧水悠悠，树木花草郁郁葱葱，山丘丛林错落叠翠，自然资源蕴藏丰富，城镇建设蓬勃发展，游览胜地多姿多彩，热带水果琳琅满目，风土人情别具一格，人民勤劳热情好客，尤其是这个国家多民族、多语言、多宗教，和睦相处，融为一体。这些正是马来西亚独有的特色。这个多民族的大熔炉，炼出丰富多彩的多元文化。

2003 年 11 月我随北京马来西亚归国华侨联谊会代表团访问了沙捞越州和沙巴州，故地重游。在古晋，沙捞越州元首授予我 PBS 荣誉勋章（Pegawai Bintang Sarawak，马来文，沙捞越州高级公职有功勋衔）。我很感谢沙捞越州政府和人民，在我当年执行首任总领事职务的工作中予以便利和热情的协助，使我顺利地完成使命。我所做的一切，微不足道，却获此殊荣，这一切缘于中国和马来西亚今天的友好合作关系。

在人生短暂的旅途中，我幸会马来西亚。退休之后，我把在马来西亚的亲历、亲见、亲闻，写成一篇篇文章，寄托我对这片美丽而神奇的土地和人民的深切情怀。我深感荣幸的是，上海文艺出版总社和上海故事会文化传媒有限公司出版《我们生活在同一个地球——外交官带你看世界》丛书，邀请我为本套丛书中马来西亚一书的作者，使我有机会和大家共赏马来西亚神奇的魅力。对此，我再次表示谢意。

吴德广

目录

目录

3 独特的民俗和礼仪

旅游贴士

马来西亚概况

General Description of Malaysia

国名	马来西亚联邦
国旗	
国徽	
面积	329,758平方公里。
人口	约2,800万人
语言	马来语/马来文是国家订定的语言，而被广泛使用的却是英语/英文。另外，其他族群还保留着各自的方言和母语。
首都	吉隆坡
国庆	8月31日
国歌	《Negaraku》
国花	朱槿，又名扶桑 
民族	马来人54%，华人24%，印度人7%，其他民族12%
宗教	回教是国家订定的宗教，其他各族则享有宗教自由的权利

气候	典型的热带气候，全年是夏。气温介于摄氏21度至32度之间。全年降雨量为2000至2500毫米。受东北季风与西南季风影响，10~2月东北风，东岸多雨；4~10月西南风，西岸多雨
货币	马来西亚所使用的货币单位为零吉RM。
国际域名缩写	MY
国际电话区号	60
时区	GMT为8小时；US PACIFIC STANDARD TIME则是16小时。
道路行驶方向	靠左
电源	为220-240瓦特，插座的形状(3 pin adaptor)。

旅游城市：吉打、吉兰丹、玻璃州、丁加奴、槟城、森美兰、彭亨、霹雳、雪兰莪、柔佛、马六甲、沙捞越、沙巴

风景名胜：双峰塔、黑风洞、兰卡威海底世界、兰卡威野生动物园、大殿堂、吉打港口、吉打州博物馆、热水村、蜡染艺术村、手工艺品文化大厦、雄鹰广场、传奇公园、马来西亚书香村、兰卡威水晶馆、中心集市、公主港、热浪岛、

1

We all live on the same planet

我所认识的马来西亚

国名的风风雨雨

马来西亚（Malaysia），一词源于地理名词“马来半岛”的代称，其范围包括东南亚南半岛全部岛屿。马来西亚又称“油棕和橡胶”王国。马来西亚是一个君主立宪国家。伊斯兰教为国教，此外还信奉佛教、印度教和基督教。

首都吉隆坡

1963年9月16日，马来亚联邦同新加坡、沙捞越、沙巴合并组成马来西亚（1965年8月9日新加坡退出）。

1974年5月31日，中马两国建立外交关系。此后，两国领导人曾多次互访。上世纪90年代开始，两国友好合作关系全面发展，高层往来频繁。

据考证，在1900年前，“马来西亚”的明信片就曾启用。19世纪末叶及20世纪初期，马来西亚的名称曾被广泛地使用。1942年试铸的铝币上也铸上“Malaysia”（马来西亚）名字。

荷兰殖民者席卷东印度群岛和英国殖民者侵占马来半岛和北婆罗洲之后，才分别冠上“荷属”和“英属”的名词，马来西亚的地理名词才消失。

1946年英国人强行成立马来亚联盟，1948年又成立了“马来亚联合邦”。“马来亚联盟”和“马来亚联合邦”都是英国人掌握政府实权。多年后，经各地人民的反对和斗争，英政府才不得不同意“马来亚联合邦”于1957年8月31日独立。

马来西亚人口约2800万，其中马来人及其他土著人约占61.5%，华人占23.6%，印度人占7.1%。西马约占全国人口总数的83%，东马占17%。全国人口最多的为霹雳州，约222万；玻璃州人口最少，约有18万。

马来西亚的货币为零吉，也有称其林吉。

Tips

马来西亚

由半岛的西马来西亚以及加里曼丹岛北部的沙巴、沙捞越（称东马来西亚）所组成。

夕阳映照下的美丽国土

马来西亚：看似两叶扁舟漂浮于两洋之间

马来西亚有东西两片隔海相望的疆土。马来半岛部分称西马，位于加里曼丹岛北部的沙捞越州和沙巴州以及纳闽岛直辖区部分称东马。东西马就像两叶扁舟漂浮在印度洋和太平洋之间的海面上。马来西亚的总面积为329758 平方公里，其中东马为 198069 平方公里，约占全国总面积 60%。海岸线总长 4192 公里。

东西马都处于北纬 2°－7°之间的赤道地带。海岸线均在 2000 公里以上。地理特点有许多相似之处。但东西马之间隔着南海广阔水域，两地东西距离，北面最长 1500 公里以上，南面最短也有 750 公里。

美丽的海滨度假胜地

西马位于马来半岛南部，南与新加坡、北与泰国接壤，东临南海，西濒马六甲海峡。东马位于加里曼丹岛北部。

西马地势北高南低，除沿海为平原外，全境大部分为山地，八条大体平行山岭纵贯南北，大汉山海拔 2190 米，为西马最高峰。沙捞越地区北部沿海为冲积平原，内地为森林覆盖的丘陵和山区，山峰多在海拔 2000 米左右。沙巴地区西部为平原，内地为多森林覆盖的山地。克罗克山脉纵贯南北。海拔 4101 米的神山是全国最高峰。西马西侧有霹雳河，东侧有彭亨河。东马主要河流有拉让江、沙捞越河、基里巴担甘河等。

马来西亚的地理环境得天独厚。所处的地盘稳定，较长时期没有地震与火山灾害。地貌独特，风光绮丽。因其位于亚洲大陆和东南亚群岛的衔接部分，在亚澳两大陆与太平洋和印度洋的交汇处，自古以来是东西方海空交通和国际贸易路线的要冲。

马来西亚首都是吉隆坡。全国共分为 13 个州和 2 个联邦直辖区。它们是马六甲州、森美兰州、雪兰莪州、霹雳州、槟榔屿州、吉打州、玻璃市州、吉兰丹州、丁加奴州、彭亨州、柔佛州、沙捞越州、沙巴州。首都吉隆坡以及纳闽岛为联邦直辖区。

马来西亚与北京没有时差。比格林尼治时间早 8 小时，比美国太平洋标准时间早 16 小时。

Tips

马来西亚地理位置

位于赤道以北 2 至 7 度之间，由南中国海区分成西马半岛马来西亚以及东马沙巴、沙捞越两州。半岛马来西亚的北部是泰国,南端为新加坡。沙巴,沙捞越两州邻接印尼。而沙捞越还和文莱交界。

面积：329758 平方公里

人口：约 2800 万

首都：吉隆坡

高温多雨的天气：雨伞防雨遮阳一举两得

东西马气候大致相似，都处于赤道地带，海岸线都在2000公里以上，内陆离海最远不到250公里，全境深受周围海洋的影响，气候高温多雨。

马来西亚的气候没有春夏秋冬之分，整年皆夏。虽有旱季雨季之别，但旱季里有雨天，雨季里有烈日。在沿海地区白天平均最高气温为31° C至32° C，夜间温度在22° C至24° C之间。雨量充足，平均年降雨量为2000－2500毫米，西马最高可达3000毫米，东马最高可达4000毫米以上。

在马来西亚，如沙捞越等地旱季十分炎热。太阳特别亲近这块土地，这块

郁郁葱葱的热带雨林

土地好像得到太阳的厚爱，太阳无所保留地将它强烈的光和热都赐给他们。在旱季阳光炎炎地烧，烧得大地处处热烘烘，热气腾腾，在室外人们就像在火炉中生活。烈日把大路的沙石烧得滚烫，烈日把柏油路烧得冒烟，有时车轮辗过还会留下黑油油的痕迹。烈日当空，热得家家户户冷气机流汗。

唯独翠绿的树木不怕热，不怕太阳

沙滩日光浴

晒。它们在热气中欣欣向荣，茁壮成长。在那里生活的人们似乎也不怕热。记得我有一天中午外出，烈日当空照，人们浴着强烈的阳光，瞬间天气骤变，天空翻复滚滚乌云，疾飞如喷漆。周围一时像泼墨一样变得昏暗阴森，随后便是大雨滂沱，草地四周变成泽国。大路两旁大而宽的露天排水沟，哗哗地流水，汹涌奔流。

在那里驱车，我常常看到奇特的景象，这边天空赤白，车轮往前百余米转动，那边却是另一个世界，阵阵的箭雨猛烈地敲打着车座。箭雨掠过天际，随之暴风雨匆匆而至，挟着闪电，携着沉雷，风雨交加，顿时天变得像黑夜一般。

在马来西亚旅行，即使在艳阳高挂的天气，也要想到椰风蕉雨的时刻。旅行者最好常备雨伞，既可遮阳，又可防雨，一举两得。

古老又年轻的国家

马来西亚是一个古老又年轻的国家。说它古老，大约在一万年前左右，"原始马来人"就在这块土地上生活。他们把历史的车轮推向旧石器时代和新石器时代。

马六甲爱化摩沙古堡

公元前，马来半岛南部出现了羯荼、狼牙修等古国。15 世纪初马六甲王国建立，它先后征服了彭亨、柔佛、雪兰莪、霹雳、丁加奴、吉兰丹等，马六甲王国成为强大国家，开国君主为拜里米苏剌，国王非常重视对港口的发展，因此马六甲成为东南亚国际贸易中心。

15 世纪末至 16 世纪初，马六甲王国逐渐开始衰退。直到 1511 年，在葡萄牙军队炮火猛烈的轰击下，马六甲王国被摧毁。

葡萄牙对马六甲进行殖民统治达百年之久。到了 17 世纪初，荷兰殖民者把葡萄牙殖民者赶出马六甲。1786 年至 1819 年英国殖民者先后占领槟榔屿、马六甲、新加坡，1826 年组成海峡殖民地，到 20 世纪初，马来亚逐渐沦为英国殖民地，时达 171 年之久。

沙捞越和沙巴历史上原属文莱苏丹国。1841 年 9 月 24 日，英国人詹姆士·布鲁克在沙捞越建立了"拉者"王朝。1941 年沙捞越和沙巴被日本占领，日本投降后又沦为英国的殖民地。

1948 年 2 月组成马来亚联合邦。1957 年 8 月 31 日在英联邦内宣布独立。1963 年 9 月 16 日马来亚联合邦同新加坡、沙捞越和沙巴合并组成马来西亚。

说马来西亚年轻，因为从 1957 年 8 月 31 日马来亚联合邦国旗庄严升起至今，马来西亚仅仅经历了 50 多年的历程。这个年轻的国家获得独立自由，来之不易。在葡萄牙、荷兰、英国殖民统治时期，马来西亚军民同仇敌忾，奋起抗击。他们用简陋的弓箭、长矛、喷筒对付敌人，经过一场场你死我活的斗争，终于获得独立，建立了自己的国家。

在马来西亚，人们称东古·阿卜杜勒·拉赫曼 (Tunku Abdul Rahman)（又一译名为东姑阿都拉曼，马来西亚华文都以此称呼）为国父，他是第一任马来西亚首相，也是首任总理。以他的名字命名的街道和建筑物在马来西亚随处可见。

热闹的吉隆坡市中心

多民族、多语言、多宗教融洽的和睦一家

繁忙的机场

马来西亚基本国情是多民族、多语言、多宗教。它是一个多民族国家。全国约有30多个民族。除马来族、华族、印度族三大民族外，在西马还有原住民，他们包括尼格列多族、先努伊族和原古马来族等。沙捞越州有26个民族，土著族群占总人口49%，主要族群有达雅族，达雅族则有海达雅和陆达雅之分，海达雅也称伊班族，陆达雅也称比达友，内陆民族的加央、肯雅、加拉毕、摩禄等族也统称达雅族、除达雅族外还有马兰诺族、普南、本南等等。华族占总人口的27%，马来族则占21%，从广义上说，马来族也属土著族。沙巴州则有30个民族。土著族有卡达山、巴瑶族和毛律族等，卡达山族为最大的土著族群。土著人占两州人口第一，其次是华族，马来族为第三。

华人移入马来西亚大约在唐朝初

发达的城市交通

期。那时已有少数僧侣和商人侨居马来半岛。历史上中国的明王朝与马六甲王国关系十分密切，那时不少华人在马六甲定居。19 世纪 30 年代，中国南迁沙捞越华人络绎不绝。

马来语、华语、泰米尔语和英语为主要语言。马来语是国语和官方语言，华语和英语为通用语言。

马来西亚的宗教主要有：伊斯兰教、佛教、印度教、基督教。一般来说，马来人信奉伊斯兰教，华人信奉佛教，印度人信奉印度教，而部分华人和欧亚混血人和部分原住民信奉基督教。1957 年，马来西亚政府规定伊斯兰教为国教。

在马来西亚，我看到他们的语言天赋，一个人除了有自己的母语外，还能流利地讲马来语、华语、英语。在那里宗教信仰自由。在马来西亚各地穆斯林的回教堂、华人的神庙、妈祖庙、印度人的印度教庙，还有基督教堂，融洽相处，互不干扰。各民族和睦如一家，在别的国家，却难得见到此情景。

马来西亚拥有众多的民族，土著人、马来人、华人、印度人、欧洲人等组成马来西亚大家庭，人们称其为民族大熔炉。这个大熔炉炼出丰富多彩的多元文化。多元文化正是这些民族赋予马来西亚独有的特色。

马来西亚概述

民族	马来人54%，华人24%，印度人7%，其他民族12%。
语言	马来语/马来文是国家订定的语文，而被广泛使用的却是英语/英文。另外，其他族群还保留着各自的方言和母语。
宗教	回教是国家订定的宗教，其他各族则享有宗教自由的权利。
政府	马来西亚奉行议会民主制以及两院制的司法制度。国家的最高领导人是最高元首，而政府的最高领导人则是首相。
气候	典型的热带气候，全年是夏。气温介于摄氏21度至32度之间。全年降雨量为2000至2500毫米。受东北季风与西南季风影响，10~2月东北风，东岸多雨；4~10月西南风，西岸多雨。
历史与文化	多元种族与多元文化形成了大马独特的历史。除了马来人土著与原住民之外，来自中国、印度、印尼和世界其他地区的移民共同形成了多元族群和多元文化的特色。大马文化的多元性质绝大部分是由于国家长期以来和外界互动交流以及曾被葡萄牙、荷兰及英国等殖民统治而形成的结果。这些文化相互激荡后非常明显地熔成一炉，形成了独特的宗教、社会、文化、传统、服饰、言语以及食物等等。马来西亚于1957年8月31日正式宣布独立，并在1963年并入沙巴与沙捞越两州，联合组成马来西亚。

在世界华人最集中的国度之一

体味宾至如归之感

据 2000 年统计，马来西亚华人约 600 万，约占全国总人口 25.38%。马来西亚是世界华人最集中的国度之一，除新加坡外，非马来西亚莫属。

吉隆坡别称为“华人之城”，华人占首都人口约三分之二。沙捞越州首府古晋华人约占全城 80%以上，他们的祖籍多为福建和广东。马来西亚华人绝大多数人已加入马来西亚国籍。现代华人多是第二、三、四代的后裔了。

乘坐花车游览

早在两千多年前，中国人就在马来半岛留下了足迹。华人移入马来西亚大约在唐朝初期。那时已有少数僧侣和商人侨居马来半岛。元朝明朝与马六甲王国关系十分密切，那时不少华人在马六甲定居。英国占领马六甲以后，英国殖民者为了掠夺马来半岛资源，从中国福建和广东沿海一带招募了大批“契约华工”到马来亚垦荒和采矿。清朝末年，福建和广东沿海一带众多农民到沙捞越垦荒开拓，之后很多华人从事商业，大大促进当地经济繁荣。

马来西亚华人从事经济、文化等事业，主要有矿业、农渔业、工业（包括当今的电子工业）、金融业、商业和服务业、教育文化事业等等。

早年的“契约华工”多是矿工，许多人从事锡矿的开采，为日后马来西亚“锡业王国”奠定了基础。沙

马来西亚华人众多

捞越的金矿早期也是由中国矿工开采的。

华人从事的大行业是农业。马来西亚以“橡胶王国”著称，在60多万华裔工人中，有一半是农业劳工，其中约有15万是橡胶园的劳工。马来西亚又是世界最大的胡椒出口国，主要产地是沙捞越，那里几乎都是华人种植胡椒，经营胡椒。在每年出口的数万吨胡椒中，90%是沙捞越华人生产的。除橡胶和胡椒外，华人还种植油棕、椰子、可可、菠萝、蔬菜、茶叶等。渔业和水产养殖业也贡献颇多。

华人制造业的产值十分可观。“郭氏兄弟集团”、“云顶集团”、“森那美集团”、“香格里拉酒店集团”……及“糖王”、“摩托大王”、“木材大王”、“橡胶大王”、“报业大王”等等名扬四海。

金融业拥有亿万家产的华人财团有20多个。知名银行有马来西亚银行、合众银行、马法银行、南方银行、兴业银行、公明银行、福华银行、华达银行等等。

马来西亚独立后，华人商业逐步向对外贸易方面发展。华人经营的餐馆星罗棋布，占餐馆总数的90%以上。华资旅行社占当地50%，旅馆及其餐厅也有80%是由华人经营。大饭店有联邦、文华、总统、富丽华、马来亚、马来西亚等。

教育文化事业也人才辈出，马来西亚的华文教育至今仍是东南亚办得较好的国家。

华族还有其合法政党，如马来西亚华人公会、马来西亚人民运动党、沙捞越人民联合党、民主行动党等。

马来西亚人民热情友好，华语和英语为通用语言。华人生活习俗与中国人相似，“有朋自远方来，不亦乐乎”的传统理念深深扎根于华人社会中。中国人一踏上马来西亚国土，宾至如归之感油然而生。

世界华文报纸最多的国家

见证两个世纪

马来西亚华文报业历史悠久，已有近200年的历史。世界第一份华文报《察世俗每月统记传》于1815年在马六甲创刊。当时由两位英国人和一位中国广州人创办。据记载，该报内容除了宣传基督教义外，也兼载新闻、言论、知识等。

巴巴娘惹遗产博物馆

华文报业见证两个世纪，各时代特点不同。最早为宗教报章时代，到1880年至1919年为止的以《光华日报》等政论性报章为主流报章的时代，1920年至1941年商业报章崛起的时代，之后经历抗日时期、马来西亚争取独立年代，一直演变到今天网络化的时代。在近两个世纪期间，华文报纸在形式、内容、功能、办报的宗旨和立场、硬体设备和软件，以及经营方式上经历了重大变革。

现代时期，马来西亚是世界华文报纸最多的国家。共约20多种，各报每天出数版至50－60版不等。发行量为数万份至数十万份。大部分华文报纸用中国繁体汉字，也有个别报纸采用简化字。例如《南洋商报》，1972年10月15日率先采用简化字。

马来西亚主要的华文报纸有《南洋商报》，由侨领陈嘉庚于1923年在新加坡创办，1962年开始在吉隆坡出版马来亚版。1965年该报马来亚版遂成为马来西亚《南洋商报》。它是马来西亚历史最久、

华人舞狮

傲湉山庄

发行量较大的华文日报。

《星洲日报》原系新加坡大药商胡文虎于1929年在新加坡创刊的，1965年该报开始出版马来西亚《星洲日报》。它曾于1987年一度被迫停刊，在热心华族文化的张晓卿的全力支持下，该报于1988年4月8日复刊，复刊后《星洲日报》努力革新版面，增加信息量。该报现已成为马来西亚华文报纸中发行量最大的。

《光华日报》1910年在槟城创刊，孙中山先生曾参与创办，宣传推翻中国清政府统治。马来西亚独立后成为当地一家日报。

《国际时报》系丹斯里拿督阿玛黄文彬于1968年10月1日创刊的，它是沙捞越第一家全面电脑化的华文报。

《沙捞越晚报》是一家华文晚报，1972年12月18日由一批热心华文文化事业的青年集资创办，在古晋出版。它是婆罗洲地区最早的一家晚报。

《中国报》、《诗华日报》、《中华日报》、《美里日报》、《亚洲时报》、《沙巴时报》、《华侨日报》、《山打根日报》、《斗湖日报》、《晨报》、《通报》、《新生活报》、《新明日报》等等，华文报纸共20多种。除日报外，还有华文期刊，例如华文月刊《工商世界》、《商海》等。

华文报纸是华族之喉舌，联系人民群众之桥梁。我觉得华文报纸在组织动员华族积极参加马来西亚国家建设，发展经济，促进马来西亚各族和睦相处，维护华文教育等方面起着举足轻重的作用，也扮演着发扬中华文化的重要角色。

社团林立

华人处处有家

马来西亚华人社团林立，华人社团组织约4000多个。众多的华人社团包括各种各样的公会、会馆、联合会等，历史悠久，形式多样，其中历史较长且有较大影响的，如马来西亚中华商会联合会、马来西亚雪兰莪中华大会堂、马来西亚槟州华人大会堂、马来西亚嘉属会馆联合会、马六甲福建会馆、马来西亚潮州公会联合会、马来西亚广西总会、诗巫福州公会等。华人社团按其性质分类有地缘性、血缘性、业缘性以及学术、娱乐、宗教、慈善等社团。华人视社团组织为他们的家，参加华团活动是他们生活中重要组成部分。

东马与西马一样华人社团林立。据1996年沙捞越州政府社团注册官公布的数字，沙捞越州社团共有2041个，华人社团占80%。数以千计的大小社团组织，分布在沙捞越州9个省及所属县、镇，其组织规模与会员人数不一，其中规模较大的可称地缘、血缘组织，业缘性社团规模也不小。

地缘性社团

地缘性社团是操同一方言的群体所结合的组织，诸如同乡会、乡亲会等。华人南来沙捞越目的在于谋生，在当地落脚后，引带同乡南来，一遇故乡亲友，倍加亲切，由于语言和习俗相同，互相帮助，成立互助组织，乡亲社团应运而生。例如古晋广惠肇公会成立于1853年，至

华人社团活动场所

今已有150多年的历史。古晋潮州公会成立于1864年，宗旨在于敦睦乡谊，共谋桑梓福利。古晋福建公会成立于1871年，最初称为福建公司。沙捞越客属公会成立于1933年，目前已有数千名会员，该公会拥有百万计的不动产业。除外，还有古晋兴安会馆、福州公会、广东会馆、大埔同乡会、海南公会、河婆同乡会、诏安会馆、陇西公会、雷州公会、三江公会等等。

1983年第一届沙捞越华人社团联合总会成立。总会的青年团和妇女组织也相应成立。

沙捞越宗亲社团以血缘纽带同宗亲为基础。宗亲社团在发扬华人尊祖敬宗，敦亲睦族，促进社会和谐团结，互助合作等方面做出努力。这种以血缘宗亲联结起来的氏族公会，诸如沙捞越江夏堂黄氏公会、古晋舜祖公会、古城公会、田氏公会、赖氏公会、吴氏公会……较大的公会有数十个。

业缘性社团

业缘性社团属行业性组织，沙捞越州最健全、规模最大的为中华工商联合会，成立于1965年。在州内9个省的较大乡镇均有此组织，共有21个属会。其宗旨主要在于促进州内各地中华商会间的联系与合作，共同推动工商业及其他经济活动。联合会的代表性、咨询及服务作用受到各界广泛承认。除此之外，行业性社团还有古晋马中贸易进出口商会、沙捞越厂商联合会、沙捞越建筑商总会、沙捞越家私工业联合会、古晋渔业公会、沙捞越轮胎同业分会、古晋咖啡茶叶联合会等等。

学术、娱乐、宗教、慈善、教育等社团应有尽有，不胜枚举。大部分社团

作者夫妇与华人寻根团合影

孙中山槟榔屿同盟会基地

有自己的会徽、会馆。有的会馆古老朴素，有的则是现代化高楼大厦，装饰富有中华传统艺术特点，成为会员之家。

沙捞越华人社团出现于19世纪下半叶，那时还称为华侨社团，主要是基于地缘、血缘、业缘基础的各类同乡会馆、宗亲会馆、同业会馆。到了20世纪初，出现了超越地缘、血缘、业缘的各地华侨社会最高机构，如沙捞越华人社团总会、沙捞越中华总商会等等。

华人社团影响显著

随着时代的变迁，绝大多数华侨已成为马来西亚公民，因而公会已非单一协助解决同乡同宗的困难，也超越慈善救济之目的，华人社团扮演着与当地政府的联系桥梁作用，华人社团与国家的兴盛、社会的发展和进步息息相关。

华人社团尤其是业缘性社团在发展和繁荣马来西亚经济过程中，作用和影响越来越明显。华人大多从事工商业，这些保护他们行业利益、经济利益，增强与外人竞争力的社团对于他们来说越来越重要。在现代社会，进一步发挥社团协调华人工商界经济技术合作的功能，提高华人实业界整体实力，以便适应世界贸易集团化、区域化的强劲态势，十分重要。

虽然今天大多数华人是土生土长新的一代，但他们的思维方式和价值取向，始终没有割断和中华文化根性的联系。他们继续参与华人社团活动。华人社团在弘扬中华民族文化，发扬中华民族优良传统以及发扬海外华人热爱祖籍国，热爱故乡以及保护华人合法权益等方面继续发挥作用。

华文学校 百年风雨

世界华文学校办得最好的国家之一

华文在马来西亚华人中的普及和使用十分广泛。华人社会历尽沧桑，艰苦创办华文学校和保存华文教育的故事众多。马来西亚的华文学校历史悠久，在目前全国共约 60 所华文独立中学以及 1280 多所华文小学中，百年历史者为数不少。

华人儿童

百年耕耘结硕果。马来西亚第一所华文学校为 1819 年在槟城成立的五福书院，已经有近 200 年的历史了。吉隆坡尊孔独中创立于 1906 年，当时陆佑领导华侨创办尊孔学堂，兴学倡儒，至今也有百余年的历史。

在东马，百年历史的华文学校也不少见。沙捞越的华文教育早期是以书塾式的侨民教育开始出现的，移民至那里的先辈，设立私塾教育子女。在沙捞越最早建立的华校是 1870 年在石隆门砂南坡设立的私塾，第二任拉者查尔士·布鲁克于当年在石隆门砂南坡设立华文学校，目的是要吸引华人前往石隆门开采金矿。1898 年，一批客家人移居到盐柴港。1899 年，他们在盐柴港开办一所华文学校。后来改名为嘉伦学校。1958 年,迁往石角路。1965 年，改为英校，至今已 110 年。

1903 年，诗巫以美教会创办华文英文混合学校，1904 年伦乐设立华文小学，1911 年成邦江和 1912 年林梦分别办起华文学校，1912 年古晋福建义校创办，随后其他华文学校纷纷建立，蓬勃发展。经过数十年的艰苦努力，至1948年沙捞越全境已有205所华校。沙捞越的华文教育在英国殖民统治时期，受到严格管制。办校艰难，1963年沙捞越加入马来西亚，在马来西亚教育法令下，华文教育限于小学阶段，大部分华文中学实施改制，未改制的华文中学则成为今日之“独立中学”，独中的所有教育费用、教师薪金、学校教室、课桌等经费全由华人社团自行承担、管理、或由热心华文教育的个人捐献、资助。华文学校经历近150年的发展历史。

沙巴州的亚庇兴南邦的中英学校，原名为津侨华文小学，为沙巴州华北同乡会的祖辈于1915年创建的，经历90多年的艰苦历程，现已发展成为拥有学生989人，教职员工49人，配置有现代化电脑教学设备的华文学校。

艰辛办校，苦心经营。在沙捞越办华校是一件艰难的事，但他们以发展华教为己任，对国家、社会以及下一代怀有强烈的使命感，满腔热情，有钱出钱，有力出力，任劳任怨，苦心经营。

在沙捞越他们自愿组织华文教育董事会、华校校友会、家教协会等，直接参与华校的建设。尤其华校校董会对华校的生存和发展一直扮演着重要的角色。校董会发扬办华校的传统，一届传一届，他们的贡献是十分显著的。从筹划华校的经费、建设校舍，到聘请教员，关心教职员工的生活待遇等等，无所不包，为了华校筹款四处奔波。在古晋，我亲眼看到古晋中华中学校董会为了筹划常年开销经费，举行各种形式的募捐活动，得到热爱华文教育人士的积极响应，慷慨解囊。筹建古晋华文第六小学又是一个好范例，古晋华人社团多次掀起捐款热潮，举行义演、义卖、义诊等活动，捐款办教育成为一种时尚，捐款越多越光荣。

华文教育前景光明，百年耕耘结硕果，但有识之士追昔思今，也颇有感慨地说，华文教育的成长历程，犹如血汗交织的诗篇，今天发展华文教育事业仍是长路漫漫。

华文学校图书馆

马六甲海峡："海上生命线"

我站在马六甲海峡海岸上，放眼海峡风景，思绪翩翩。海峡处于赤道无风带，海流缓慢，风平浪静，船只点点。岸边片片椰林茂盛，红树林映入我的眼帘，一派热带好风光。

马六甲海峡因邻近马来半岛的历史名城马六甲而得名。位于马来半岛和印度尼西亚的苏门答腊岛之间，东为中国的南海，西为安达曼海。海峡全长1188公里，呈一喇叭形，西北部口宽370公里，东南部较窄，很多小岛位于其中，皮艾角和小卡里蒙岛之间，仅37公里，通常20万吨巨轮可出入。由于该地段有30个危险处，大巨型油轮不宜航行。近年来，马六甲海峡的通航船只急剧增加，每年达8万多艘，成为世界最繁忙的海道之一。

早在公元7至15世纪，马六甲海峡就成为中国同南亚、阿拉伯各国和非洲人民友好往来和经济、文化交流的海上通道。1405年至1433年间，郑和七次下西洋，马六甲海峡是必经之地。郑和之航行，有很多故事至今还广泛流传着。据记载，1407年，在回国途中，郑和的船队在马六甲海峡遇到可怕的海盗。这场与海盗的战斗是中国火药的又一次胜利，所有的海盗船被中国船队的炮火一一击毁。于是，海峡变得较为安全。郑和打通贸易航线，以此衍生了"海上丝路"，名扬四海。

马六甲汉都亚墓

站在海峡岸边，我思绪万千。我想：马六甲海峡自古以来就是兵家必争之地。它是沟通太平洋与印度洋的咽喉要道，也是欧、亚、非、太平洋沿岸国家往来的重要海上通道。马六甲海峡被称为"海上生命线"是受之无愧的。例如，日本进口物资的一半、进口原油的80%以上均从马六甲海峡输入。

马六甲海洋博物馆

多元文化的姐妹花

马来文学和马华文学

在马来西亚的文学领域里，马来文学和马华文学是多元文化中的姐妹花。马来文学是马来半岛古老的文学。民间故事、传说、神话早已流传。马来民族受到印度文化的影响长达千年以上。马来文学以诗歌见长，四行诗和叙事诗家喻户晓。

从13世纪中叶开始，以伊斯兰教为主的波斯和阿拉伯古典文学开始传入马来半岛，很多名著都译成马来文。

马六甲王朝时代，马来文学为兴旺时期，《先知穆罕默德传》、《亚历山大大帝传》等具有浓厚的伊斯兰教色彩的作品，以及第一部用自己文字记载本国历史的作品《马来纪年》先后问世。

到19世纪，马来新文学用白话文创作,其鼻祖为阿卜杜拉蒙希。他的著作《阿卜杜拉吉兰丹和丁加奴游历记》等问世。到19世纪末和20世纪初,《伊索寓言》、《一千零一夜》等世界文学名著已被译成马来文。在20世纪50年代，安东尼·伯吉斯创作的《马来人三部曲》中描述最具代表性的殖民地移民经历。中国古典小说，诸如《三国演义》、《聊斋志异》、《水浒》、《西游记》和《今古奇观》等10多部作品也都译成马来文。

在现代，值得一提的是诗人和短篇小说家乌斯曼·阿旺(曾任马中友好协会主席)，他的小说语言十分优美，有着诗一般的格调。著名作家萨农·艾哈迈德、诗人苏里、后起之秀萨马德·赛义德等作家，作品丰厚。他们的许多作

丰富多彩的马来西亚文学作品

马来西亚游艇码头

品被译成英文、法文和日文等。

马华文学是在中国“五四”运动和新文学运动的影响下发展形成的。至今已有近百年的历史，出现了不少作家。小说、散文、新诗、戏剧、评论等各种体裁的作品丰富多彩。1978年，马来西亚华文作家协会(原称马来西亚写作人协会)成立，对推动和发展马华文学起了积极的作用。马华作家早就与中国作家有来往，尤其上世纪90年代以来，往来更加密切。马来西亚华文作家协会与北京、广东、上海、福建、江苏、湖北等的作家协会或文联建立密切联系。《马华文学选集》等在中国出版发行，深受欢迎。

马华文学中的多部诗集引人注目。不少诗人抒写现实生活很有特色，艺术上也很有特色。例如现代诗人吴岸，抒写马来西亚人民在历史上遭受的苦难和人民对侵略者的憎恨；他以满腔热情歌颂他的家乡——马来西亚沙捞越美丽的风物，以及热情勤劳的人民，表达他对乡土的热爱。同时，他的诗集洋溢着与祖籍国——中国的深厚情结。他的诗篇气势磅礴、自然流畅、激情澎湃、歌唱婉约。他的诗章又是另一艺术特色：似是寓言，又是哲理。

马华文学的作家们，生活在一个多元文化交叠的世界，他们深深地爱着在那里生活的各族人民和各种文化，但作为华裔作家，他们身上明显地存在着解不开的“中国情结”。

植物王国：赏芳品翠 其乐融融

植物生长旺盛

马来西亚有"植物王国"的雅称。全境深受周围海洋的影响，阳光强烈，雨水丰沛，生物繁殖旺盛。植物园处处皆是，东西马就像两个没有围墙的植物园。处处郁郁青青，葱茂的树木，缤纷的花卉，如茵的绿草……一派热带风光，生机盎然。你可随意到处看看，尽赏芳品翠之兴，其乐融融。

全境共有1.5万种植物，其中有6000种树木，有的树木高达100米，直径2米多。沙捞越的达邦树高大，木质坚硬，其根部面积宽阔，土著人取之制成精致的桌面。盐木也是沙捞越的一种名树，其木材耐用持久，在水中百年不朽。其他热带树木种类繁多，应有尽有。沙捞越是森林最多的一州，森林覆盖面积占90%以上。

在这个大植物园里，城市大道旁一排排高耸入云的树木，茂盛伟岸，而一株株傲然屹立的棕榈，英姿飒爽。市镇的小径点缀在成千上万种形态各异的树木花草中，绿色中露出别墅楼的容姿，爬在墙上红红绿绿的藤蔓，把楼房装饰得更加美丽。热带果树，浓阴蔽日，树影铺地，榴莲树、芒果、红毛丹、木瓜等果树比比皆是。

在这个没有围墙的植物园里，显花植物达9000种，占全世界总数的30%以上。植物类群齐全，诸如藻类、菌类、地衣、苔藓、蕨类以及种子植物，尤其是热带雨林植物种类繁多，有野生的，有人工栽培的。万紫千红。在热带植物中，绿色开花植物是最多的一类。在开花植物群中，植物专家尽可以按门、纲、目、科、属、种等对形形色色的植物加以分门别类、罗列、鉴别，非植物专家面对繁多的植物类群也感兴趣，被奇花异草所吸引。

在那里无处不见花，每到一处你会感到置身于五彩缤纷的鲜花丛中，种种鲜花，争芳斗艳，互相衬托，互相媲美，令人赏心悦目。在街心花园，在人们居住的别墅楼前，胡姬花最为引人注目，它雍容华贵，亭亭玉立，千姿百态，清丽高雅。其中的一种看起来虽然没有艳压群芳的感觉，却具有独特风韵，特别吸引人的眼球，那就是变野生植物为栽培植物的诺玛胡姬。

世界上最大的花朵——莱佛士花在沙捞越州伦乐等地盛开。该花以其花大、奇特而名闻遐迩。我观赏到这种美丽壮观的大花朵。这种花最大直径可达97厘米，小的也有60或40厘米不等。有趣的是这种花没有根、枝子、叶子，而是附攀在森林小径旁的树枝藤上生长。花朵呈桔红色或鲜红色，花蕊呈黄色，斑纹点缀在大花瓣上，鲜艳夺目。但开花时散发一种刺鼻难闻的异味，花蕊含有毒素，观者受嘱勿闻。花有雌雄之分,外表难辨，只能触摸花朵内层，方可辨认。这种花是一种不分季节生长的植物，生长期需要9个月时间，从生长、发芽至开花整个过程与婴儿怀胎至诞生的时间相仿，花期最多只维持5至6天,然后花即凋谢。

猪笼草是东马独有的珍稀食肉植物，这种草本植物的叶子呈瓶状，形似一个笼子，故名猪笼草，也叫瓶子草。猪笼草有好几种，形态各异，有的像小灯笼，有的似奶瓶，有的像玉兔，叶子顶端小布袋般的笼筒壁滑而深；有的长达半尺，有的口径二寸许。猪笼草以小动物为食。一旦小昆虫掉进笼筒里，这种草就能分泌出一种有香味的液体，慢慢消化被诱捕的小昆虫。这种草也装雨露。昆虫、雨露、阳光是猪笼草生命之源。

在沙捞越深山密林或者高原地带如姆禄山、蓝卑尔山都能找到这种植物。这种被视为珍宝的稀有植物，有极高的观赏价值。

马来西亚拥有十分丰富的植物资源，这是他们的宝贵财富。树木花草茂盛，绿色植物美化了家园，维持了自然生态均衡，净化了空气，提高了人们的生活质量，同时绿色植物作为重要旅游资源，也吸引了大批游客。

莱佛士花

旅游天堂：不可不去的国家

马来西亚拥有永恒的夏天和永恒的阳光。人们称它为旅游天堂，也称它是花园国家。

当你踏上马来西亚富饶的土地，从吉隆坡国际机场到市区，只见窗外繁花似锦，绿草如茵，椰树高耸，棕榈硕壮，宛如进入一个热带花园。

丰富的城市旅游资源

马来西亚是一个得天独厚的国家，幸会绮丽的自然风光，会使你终身难忘。大地上浓浓的植被五彩斑斓，数不清的珍奇动植物，让你目不暇接。无处不是美丽迷人的景色。在蔚蓝的天空下，绿树掩盖中，现代化繁华的都市，风格各异的城镇，四通八达的高速公路……让你赞叹万分；在青山绿水之间坐落着一座座风格各异的房屋。马来族的高脚屋、华族既古老又现代的农舍、土著族的长屋融为一体，构成如诗如画的风光。绵延起伏的橡胶园、绿色层出不穷的油棕园，都是赏心悦目的乡村景色，风景这边独好，使你乐不思归。

马来西亚拥有深具魅力的旅游资源。如果你是大自然爱好者，让你亲近大自然，投入大自然的怀抱，快乐融融。一片片的热带原始森林，其中有 1.3 亿年的原始雨林；绵延起伏的山峦，其中有神秘巨大举世无双的洞穴；险峻山岭

享受大自然的馈赠

倾泻的激流，清澈见底的溪河、泉水、瀑布；各种稀有的鸟类和野生动植物……确是自然探险者的天堂。马来西亚有1000多个岛屿，其中有38个已被宣布为海洋公园。

如果你是一个文化人或是历史研究者，马来西亚为你提供巨大的平台，让你如痴似醉，乐在其中。许多独特、引人入胜的多民族融合而成的传统文化，让你大开眼界。建筑风格、风俗人情、美丽服饰、多姿多彩的舞蹈、精致的手工品艺术、热闹的节庆等人文景观，让你看不完。

在马来西亚旅游，衣食住行无忧。政府有旅游发展局，各州有旅游协会，全国有700多家旅行社帮助你。精通华语的导游训练有素。吉隆坡至少有60多家豪华酒店，设备齐全，大部分设有高级游泳池。还有中国、日本、法国、意大利、德国和俄罗斯风味的餐厅。

政府重视发展旅游业。如今旅游业是马政府第二大外汇来源，仅次于制造业。近几年来，马来西亚经济持续发展，政府也加大对基础设施和旅游景点建设投入，政策扶持，利用多种渠道宣传，加上马来西亚旅游资源丰富，旅游业发展迅速。2000年以来，到马旅游的人数每年都超过1000万人次。2005年，旅马游客为1643万人次，创造了319.5亿马币的旅游收入。在2007年马来西亚建国50周年之际，马来西亚开展的“马来西亚旅游年Visit Malaysia Year”，十分成功。它展示了马来西亚多元文化的魅力。

马来西亚是一个不可不去的旅游国家。旅游项目繁多，如森林之旅、高原之旅、探险之旅、洞穴之旅、长屋之旅、潜海之旅、观鸟之旅……前往马来西亚旅游，最好根据各人的爱好，加以选择。

豪华度假村SPA

马来西亚倡导传统与现代旅游项目融合发展，这是旅游业成功发展的重要原因之一。他们崇尚和谐理念，善于化解与融合不同文明的差异与冲突，从而促使旅游项目多元化，使旅游业成为本地的常青树。

Tips

马来西亚旅游资讯

入境要求：入境马来西亚必须持有有效的护照或旅游签证，有效期最少6个月。大多数国籍人士以社会或经商名义前来马来西亚并不需要申请签证。

中国公民赴马来西亚应在境外办妥签证，未办妥签证，从泰国或新加坡入境马来西亚的中国旅游散客，可在入境口岸申办口岸签证。中国赴马的旅行团可以办理口岸团体签证，但马方接待旅行社必须事先获得马移民总局授权并备案。为鼓励旅游，经第三国飞抵马彭亨州刁曼岛的旅客，如能出示有效回程机票可以申请落地签证。

旅行签证(social visa)，是发给以旅游、探亲访友和商务活动为目的的中国公民。有效期三个月，停留期30天。普通签证不能延期，除非因健康原因、航班问题而不能及时回国，可凭有关医院和航空公司出具证明信函到移民局延期签证。

货币：马来西亚所使用的货币单位为零吉。外国货币可在银行或钱币兑换中心处兑换。所有出入境者，不论是国民或非国民都必须填妥旅客货币申报表(TDF)。旅客申报表拥有两个各别的部分，蓝色部分给国民填报货币，白色部分则给非国民填报货币。国民如携带超过1000元零吉，在出入境时必须详细填写货币数目。另外若携带超过相等于1万零吉的外国货币包括旅行支票，在出境时也须详细填写货币数目；入境时则无须填写。非国民所携带货币若超过2500美元则不论出入境都须详细填报。国民们在出境时必须把旅客申报表夹在护照里，并且在回国时将旅客申报表呈交给海关人员。非国民做法亦此，在入境时必须把旅客申报表夹在护照里，并在出境时将旅客申报表呈交给海关人员。

银行办公时间：大多州属银行办公时间如下：星期一至星期五 9.30am–4.00pm，星期六 9.30am–11.30am，星期日休息；吉打，丁加奴，吉兰丹：星期六至星期三 9.30am–4.00pm，星期四 9.30am–11.30 am 星期五休息。

邮政局办公时间：为每日上午8点至下午5点，星期日和公共假日除外。吉打，丁加奴，吉兰丹则在星期五与公共假日休息。

时间：GMT 为8小时；US PACIFIC STANDARD TIME 则是16小时。

电话：欲拨国内电话者可利用公共电话亭的投币式电话或预付卡式电话。国际电话则可利用卡式电话服务或电讯局的服务。

交通：前往马来西亚最主要的方式是经由雪邦的新机场吉隆坡国际机场，坐落在吉隆坡以南50公里。另外，雪邦的旧机场提供少数几个国内及区域内的航班服务。其他供国际航线入境的主要机场分别位于槟城、古晋、哥打基纳巴卢以及浮罗交怡。另外，经由海路前往吉隆坡最主要的下站点是巴生港口，距离吉隆坡大约50公里。最后，经由铁路和陆路从泰国和新加坡也可抵达马来西亚。马来西亚拥有卓越的国内航线联系以及有效的公共交通系统，如巴士、计程车及火车。

住宿：马来西亚拥有各种住宿设备，价格具备竞争性，计有国际水平的饭店，中低价格的旅店，青年旅舍以及短期出租公寓等。

2

We all live on the same planet

不可不去的旅游天堂

吉隆坡塔：闪耀着伊斯兰文化的光辉

登吉隆坡塔，搭乘高速电梯仅需一分钟便可到达塔顶。在276米处的观景台，居高临下，鸟瞰吉隆坡市，风景秀丽。有时远在半岛山脊上的云顶乐园也都映入眼帘。在吉隆坡最高的旋转餐厅用餐，别有一番风味。加之秀色可餐，一举两得。

吉隆坡塔

吉隆坡塔(Menara Kuala Lumpur)塔身净高达421米，气势宏伟，坐落于马来西亚首都市中心海拔94米的咖啡山(Buki Nanas)山顶上。1996年4月建成。

吉隆坡塔是一座世界最高的用钢筋水泥构筑的高塔。据介绍，它使用了45000立方米的混凝土。当时它是亚洲最高，全世界第三高，同时也是让马来西亚人感到自豪的地标。吉隆坡塔由五个基本结构组成，而主要功能在改善电讯传递方面的清晰度，诸如电报、广播等等。

吉隆坡塔的地上首层，拥有多家商店以及快餐店、迷你电影院、露天剧场。

我想，吉隆坡塔最大的特色在于它的设计引入伊斯兰文化概念。塔顶分为8层，看似莲座托着，与莲花形的塔身紧密相扣。说其似莲座，不如说其设计灵感来源于马来人游戏中的巨型陀螺(gasing)。而塔身的装饰风格也透出几缕阿拉伯风情。从塔的地上首层到塔圆顶，装饰着很多伊斯兰图案，玻璃镶嵌的伊斯兰图案也处处可见。塔的设计和伊斯兰图案含意为“七重天”，象征人类追求人生完美的旅程。

尽管今天它与双子塔相比，显得逊色些，但它仍然是一座值得一顾的高塔。再说它的观景台的高度比双子塔人行观景天桥高100米。在那里还可租到直升机，从上空鸟瞰吉隆坡。

Tips

吉隆坡塔

坐落于马来西亚首都市中心，海拔94米的咖啡山(Buki Nanas)山顶上。

游吉隆坡市容：领略多元文化的风采

热闹非凡的吉隆坡夜市

顾盼生辉的风情画

我的记忆荧光屏上的吉隆坡，是一幅幅热带风光的风情画，顾盼生辉。

吉隆坡市区，繁花似锦，绿草如茵，椰树婆娑，棕榈硕壮。那几何形的摩天大楼，以及清幽古朴的传统华族建筑，五颜六色的巨幅广告，与那些具有穆斯林古老风格的建筑物相映成辉，尤其看看那外形和风格各异的现代化建筑，乐趣无穷。吉隆坡建筑佳作甚多，那些巧夺天工的新型建筑物不时映入我的眼帘：有圆形、方形、长方形、三角形的，还有腰鼓形、阶梯形、宝剑形的，千奇百怪，应有尽有。

吉隆坡四通八达的高速公路，日本车和马来西亚国产的英雄车川流不息的景象，给人现代都市的视觉与感受：与在欧美、日本发达国家的公路上驱车并无二致。只有那摇曳生姿的棕榈树，五彩缤纷的热带花卉才使人感觉到置身于南国都市中。

吉隆坡面积243平方公里，人口约155万。它是马来西亚政治、经济、商业、文化中心。作为发展中国家，吉隆坡的现代化建设和基础设施可谓出类拔萃。

吉隆坡的游览胜地众多。我喜欢乘车浏览这个都市的每个角落。唐人街、小印度、新村分别是华人、印度人、马来人社区的中心地带。此刻你在天后宫烧香拜佛，瞬间后也许就在脱鞋准备进入清真寺或印度神庙。从吉隆坡“唐人街”茨厂街商业区、品种繁多琳琅满目的购物中心、旅游工艺品中心到闻名的湖滨公园、皇宫、博物馆……参观之后，留给我无穷的回味。

火车站·印度庙·天后宫

市内建筑物各有特色，遗留着历史的痕迹。年代悠久的火车站，是一座富有英国中世纪风格的城堡式建筑物，是英国文化在吉隆坡早就存在的印证。

印度庙(Sri Mahamariamman Temple)，建于1837年，装饰有华丽的雕刻与图案，加上由意大利、西班牙进口的瓷砖，更显得气派非凡，可以说它是马来西亚境内最大、最华丽的印度庙。它表现另一风范，象征着释迦牟尼教义的巨大威力。

华丽壮观的天后宫建立在近郊的一个山坡上。天后宫像华族的其他寺庙一样，弥漫着浓郁的中华文化情韵。朱红的圆柱、金黄的屋顶……宫内有那逼真威武异常的雕梁画壁以及华族传统艺术

茨厂街

对联和书法等，对于那些以华语为母语的游人来说，观之无不惊叹。还有吉隆坡的妈祖庙，民众争相朝拜妈祖庙的情景，让人难忘。位于八打灵山的精武体育馆，是一座中国式的建筑物，它告诉我，华人在这里扎根生存的年代久远。

民族特色的中央市场

在吉隆坡市中心的巴生河畔，有一个很有特色的中央市场，那里是一座典型的马来民族风格的旧式建筑物。市场正门的前方，有一间棕榈叶搭盖的“亚答屋”，那是典型的马来人的老式房子。中央市场内有很多店铺，楼上的饮食店应有尽有，马来小吃、中国菜馆、印度饭店、泰国小食、西餐厅……在市场内还可找到许多传统马来的艺术品。诸如锡器、染画等各种精巧的手工艺品。

我有机会去吉隆坡独立广场一游。在广场的蓝天下飘扬着马来西亚国旗和13个州的州旗，那些旗帜好像在诉说马来西亚昔日的艰辛，今日的幸福。

位于广场后边的雪兰莪俱乐部，是一栋西方式的建筑，美丽庄严。位于旁边的圣玛丽天主教堂，则是百年的哥特式建筑，值得一看。壮观的苏丹亚都沙曼大楼(Sultan Abdul Samad Building)，位于独立广场的正对面，是马来西亚国家最高法院所在地。

殖民地时期的吉隆坡是一片名副其实的低洼地，今天它长高了，高楼林立，可谓旧貌换新颜。吉隆坡以它美丽的风光每天拥抱着众多的游人来此做客。走进吉隆坡，我发觉多元精彩的文化都写在都市的每个角落里，仔细阅读它，心旷神怡。正是这种多元的文化特征使得吉隆坡成为如此迷人的都市。

Tips

唐人街

吉隆坡茨厂街(Jalan Petaling)及附近区域，在此也能品尝到马来西亚各种美食、小食。

马来西亚最大博物馆

国家博物馆

马来西亚首都和州博物馆众多。最大的博物馆是吉隆坡国家博物馆。

这座两层的博物馆，位于湖滨公园南门东侧的山丘上。属于马来宫殿式建筑，周围环境秀丽，椰林掩映，花圃环绕。每天参观者络绎不绝。

博物馆上下方便，宽阔明亮。馆内分设多个馆。有分别介绍马来半岛各州历史的“历史馆”，陈列各式物品的“金属工艺与乐器馆”，收藏文化风俗展品的“文化馆”，及国家动物馆，自然历史馆等。其中的国家动物馆，给我留下深刻的印象。

国家博物馆外观

那里可称为鸟类学堂，展出马来西亚的各种犀鸟，以及印度的孔雀、印度尼西亚的天堂鸟，还有鹂鹋等330种亚洲各类飞禽的标本，是鸟类学者向往之地。

国家博物馆拥有一个资源保护实验室，一个相片资料室，一个图书馆，有6500种各类图书，是考古学、人类学、自然历史研究人员的理想课堂。馆内有一室为经济史料展室，展出橡胶树等热

国家博物馆正门

带植物标本，让我想起橡胶、棕油、胡椒等经济作物在马来西亚国家的经济生活中所扮演的重要角色。

国家博物馆院内的花园店铺中还出售各种纪念品，如吉兰丹的椰子手工艺品和吉打州的瓷器，亚洲国家的一些小装饰品等。

在丰富多彩、琳琅满目的展品中，让我难忘的是我国明朝航海家郑和访问马六甲的文献和明代青花瓷器，它们陈列在显著位置，引人注目。这些展品见证了中马两国人民的友好往来源远流长。

博物馆不愧是马来西亚国家历史文化中心，亚洲文化遗产的宝库。

Tips

国家博物馆

位于湖滨公园南门东侧的山丘上。

阿拉伯风格的皇宫

国家皇宫位于市中心皇宫路的一座山丘上，气派宏大，看起来十分辉煌与庄严。皇宫是国家元首的宫殿官邸，即现任国家元首的办公与休息场所。由于马来西亚的国家元首每五年换一次，所以每隔五年，国家皇宫就更换一次主人，当选为最高元首者，就举家迁入此皇宫。每隔五年的国家元首诞辰日（国家法定假日）也随之变更。

皇宫原是20世纪20年代一位中国商人的私人住宅，售出后经过改建，成为后来雪兰莪苏丹(即雪兰莪州统治者)的皇宫。

皇宫是金黄圆顶的阿拉伯式建筑。宫里青草遍地，鲜花满园。马来西亚的一些重大礼仪、皇室应酬和宴会庆典活动都在此进行，诸如国家元首诞辰日、开斋节等，每逢节日，宫殿就点缀上五彩缤纷的灯饰和鲜花，金碧辉煌，美不胜收。此时民众谁都有机会穿着国服“巴迪”高高兴兴进入皇宫，一览宫殿院内盛开的娇艳花朵以及宫殿的气派和繁华。

国家元首经常在皇宫接受外国驻马来西亚大使递交国书，宴请大使夫妇，并邀请大使夫妇游览吉隆坡市容。

巍峨的皇宫

平常皇宫并不对外开放，游客只能在皇宫门口欣赏整个皇宫的华丽，并观看皇宫守卫的换班仪式。

皇宫门口由一扇并不很宽敞的铁门、旁边的小岗亭与小门洞组成。铁门用黑色作底色，衬以金黄色作为装饰，典雅大方，从严肃中透出一种高贵。在铁门侧边的岗楼旁，各有一名哨兵站岗，哨兵身着白色上衣配有绿色前裙的制服，手持长枪。在门洞中的哨兵，则穿一件红色上衣，黑色长裤，骑一匹高马，威风凛凛。另外，不时在门口还会站有一排扛枪哨兵供人们拍照留念，闪闪的长枪在阳光的照射下与远处阿拉伯风格的皇宫金顶遥相呼应，分外亮丽。

皇宫是一个历史景点。在皇宫门外留影，也是游客们的一件乐事。

Tips

国家皇宫

坐落在皇宫路的山丘上。

英姿飒爽的皇宫守卫

双峰塔：吉隆坡的新地标

迄今为止世界上最高的摩天大楼是吉隆坡双峰塔。双峰塔也称双子塔、双胞塔。

吉隆坡双子塔于1993年12月27日动工，1996年2月13日正式封顶，1997年落成。这对连体的双子塔，宛如一架巨大的望远镜，登塔望远，吉隆坡美丽景色尽收眼底。天蓝地绿，棕榈婆娑，崭新的双塔耸入蓝天，那雄伟壮观的景象，给人气凌霄汉之感。塔旁边广场的喷水池十分美丽，喷水高达百余米，激射半空，随风飘洒，悠扬的水珠在半空里映着中午灿烂的阳光，绚丽多彩。

吉隆坡双子塔为吉隆坡国家石油公司所属的佩重纳斯大厦，拥有两座完全相似且高达452米的塔楼。如按国际惯例，建筑物高度应以建筑屋顶为准的话，吉隆坡双子塔当之无愧是当今世界最高建筑物。这两座88层塔楼拥有74.32万平

双子塔外观

远眺双峰塔

方米以上办公使用面积，以及13.935万平方米购物和娱乐中心，还有一个石油博物馆、一个音乐厅和一个多媒体会议中心。巨大的地下停车场给我留下深刻的印象，它拥有4500个车位。

我在塔旁兴致勃勃地端详这座雄伟的双子塔楼，觉得它很独特，很有创意，最大的特色在于第42层处有一道连结两座塔楼的天桥，从塔脚下仰望天桥，看到一座巨型的人字形支架，支架两脚从各自的大楼旁伸出，支撑着天桥的中间点。天桥是游人登高望远的观景台,人们称其“登天门”,在“登天门”远眺，首都吉隆坡的市容清晰可见，美不胜收。天桥、支架和别具一格的双塔楼面以及优雅的剪影，给双子塔带来了举世无双的景致。双子塔之造型和设计的特色，好像在告诉游人：它们来自传统的文化，它们是世界上最现代的摩天大楼，是马来西亚伸向蓝天的高度象征。

Tips

双子塔

坐落在吉隆坡安邦路。

双峰塔内景

大楼的1号塔是马来西亚石油公司的综合办公大楼。2号塔的一至六层是集购物、休闲、娱乐为一体的Suria KLCC超大型购物中心，世界主要的名牌都能在这里买到。然而游客到双子塔并不完全是为了购物，更是为了与这座全球最高的标志性建筑来一次“零距离”接触。

双子塔的落成确是马来西亚人的骄傲，它是在亚洲金融危机最严重的时候完工的。如今双子塔更完美、更引人了。整天游人如织，成为吉隆坡的一处名胜。

深受欢迎的湖滨公园

湖滨公园

湖滨公园(The Lake Gardens)是最受市民和游客欢迎的公园。它建于1880年,位于吉隆坡市区西郊的普尔达纳人工湖畔,公园占地面积约170英亩,是一个大型的综合性公园。国家博物馆也位于公园旁。

木槿花园和兰花园、鸟园、蝴蝶园等在其园内或园的附近。这里有儿童游乐场、慢跑步道、健身场。值得一顾的名人纪念馆坐落在幽静的山谷,经常有音乐和文化表演,观众络绎不绝。

木槿花是马来西亚国花。木槿花园的木槿花品种繁多,千姿百态。兰花公园(Orchid Garden)位于湖滨公园的一个山峰上,内有800多种奇异的马来西亚兰花,一到周末就变成热闹的兰花集市。兰花品种繁多,诸如五唇兰、文心兰、槽舌兰等等。其花形、花瓣、花色、香型各异。蓝色娇丽的蝴蝶兰,十分可爱。看起来也十分大气。常年开花,争芳斗艳,馨香扑面。马来西亚是一个盛产兰花的国家。兰花园是它的缩影。旅客在吉隆坡不仅能欣赏到俏丽的兰花,也能购买到价格便宜的蝴蝶兰。

芙蓉公园(Hibiscus Garden)则展示了2200多种芙蓉。

鸟类公园(Bird Park)占地3.2公顷,是东南亚最大的鸟类公园,离兰花公园不远,有超过100个品种的鸟。巨型网罩架于高空,各种

猫头鹰

公园内开满了木槿花

各样的鸟，让人目不暇接。腿高颈长的火烈鸟、红蓝色金刚大鹦鹉、长嘴红冠的犀鸟、小巧玲珑的蜂鸟、花花绿绿的啄木鸟……据介绍，大约有5000只鸟儿在那里“自由飞翔”。

蝴蝶园(Butterfly Park)位于鸟园附近，模拟蝴蝶自然的生态环境，超过1.5万棵的马来西亚热带雨林植物，是培育蝴蝶的温床。园内共有120多种蝴蝶，6000多只五彩斑斓的蝴蝶翩翩飞舞。旅客可穿过纱帘入内与蝴蝶共舞。

鹿园(Deer Park)，在崎岖山坡和不规则的谷底上，靠近潺潺小溪，可见几只鼠鹿，它有着世界上最小的蹄，是当地居民传说中很受欢迎的奇异动物。

天文馆坐落于花园中，那里有一个剧场、一架36厘米的望远镜、用于发射第一颗卫星——马来西亚东亚卫星1号的阿里亚娜第四空间发动机。

湖滨公园是我喜欢去的地方。如果说，吉隆坡是一座花园的都市，那么湖滨公园就是吉隆坡的一颗璀璨的珍珠。

Tips

湖滨公园

全称塔西克湖滨公园，位于市中心最大的湖畔。

与麦加大清真寺相仿的国家回教堂

国家回教堂，也称国家清真寺，位于市中心火车站附近，是东南亚地区最大的清真寺之一。总面积 5.5 公顷。1957 年由马来西亚国父、首任总理拉赫曼倡议修建，建筑形式与麦加三大清真寺相仿。最大特点是清真寺屋顶由 49 个大小圆拱组成，最大圆拱直径 45 米，呈 18 条放射星状，象征全国 13 个州和伊斯兰教 5 个基本信条。祈祷大厅可容纳 8000 人。

寺后有安葬伊斯兰教国家英雄陵墓。只有任过总理或在职的副总理才能长眠于此。正对着国家清真寺的是伊斯兰教中心 (Islamic Centre)，这是一座融合回教文化与立体派艺术的现代建筑，陈列了有关本地及各国回教文化、艺术等文物。

这座清真寺整体的设计风格是从麦加的大清真寺 (Grand Mosque) 中得到的灵感，因其 73 米高的塔尖和星形的房顶而显得与众不同。

国家回教堂穹顶局部

国家回教堂

苏丹莎拉胡汀回教堂

传统的伊斯兰和马来建筑风格融为一体

苏丹莎拉胡汀回教堂，简称莎亚南回教堂（Shah Alam）。它位于马来西亚一个最有规划的城市莎亚南。吉隆坡成为联邦直辖区之后，莎亚南成为雪兰莪州的首府。在这里最引人注目的就是苏丹莎拉胡汀回教堂。它是东南亚最富丽堂皇的清真寺，也是世界最大的清真寺之一。

这座圆顶回教堂，坐落于莎亚南的市中心。它占地面积15公顷，1983年10月1日开始兴建，于1987年12月3日开始供伊斯兰教徒进行祈祷。1988年3月11日雪兰莪州苏丹正式主持隆重落成典礼。上世纪90年代初，我随团参观时，对其祈祷大殿之宏大甚感惊讶。我得知，这个祈祷大殿面积近7000平方米，可容纳2.7万人祈祷。它的圆屋顶高91米，直径51米，由碧蓝色的钢片镶成。四周建有4座尖塔，每座137米高，配有巨型蓝色圆顶。莎亚南回教堂设计别具一格，宏伟壮观。据说，当时的设计是在电脑的协助下完成的。莎亚南回教堂的建筑将传统的伊斯兰建筑和马来建筑的风格融为一体，给我留下深刻的印象。

莎亚南回教堂拥有巨型蓝色圆顶和尖塔，其祈祷大殿比伦敦的圣保罗大教堂还大，是这座新兴现代化城市的一个璀璨明珠，也是莎亚南最为引人骄傲的佳作，因而吸引众多的旅游者。

莎拉胡汀回教堂

Tips

苏丹莎拉胡汀回教堂

位于莎阿南(Shah Alam)中心。

避暑胜地云顶高原

东南亚最大的赌场

马来西亚的云顶高原，人们称它为“云顶乐园”或“云端乐园”。有一次应朋友之邀从吉隆坡前往这个著名度假胜地一日游，兴致勃勃。

云顶高原在马来西亚彭亨州西南吉保山脉中段东坡、吉隆坡东北约50公里处，是国际知名的避暑胜地。

度假胜地云顶

云顶高原建筑群位于乌鲁卡里山上，海拔达1772米，因云雾缥缈而得名。云顶高原山峦层叠，林海茫茫，空气清新，四季葱茏，风光秀丽，景色怡人，宛如世外桃源。这里气候凉爽，气温平均只有15℃，站在高原顶端，放眼眺望，那种感受不可名状。日出之前，漫山遍野，一片茫茫，云天雾海。面对辽阔的云海，让人有种站在云端，走在云霄上的感觉。日出之后，则是一派郁郁葱葱的山野，层层叠叠，绿波起伏，无边无际。在天气晴朗时，视野辽阔，夜间向西俯瞰，吉隆坡灯火辉煌。

云顶乐园在1965年开始劈山建造，1971年起接待游客。山顶建有多家五星级旅馆，装修豪华，色彩鲜明，就像艺术博物馆一样。诸如云顶酒店、高原酒店、阿娃娜云顶酒店等。2005年世界第一酒店建成，其酒店拥有6100个客房，为世界酒店客房之最。

山顶开辟多种乐园。人工湖、高尔夫球场、花园游乐场和室内体育馆，还有青年人喜欢的极富有刺激感的波浪车和海盗船，室内有巨大的博彩场、俱乐部、剧场等设施，每年吸引千千万万游客。身临其境，确信其非凡。2003年“冰雪世界”娱乐场建成，让那些从未见过雪景的旅客欣喜若狂。跳伞模拟座则让旅

山顶上设有巨大的游乐场

客体验飞翔的感觉。登云顶游客可乘3.4公里的缆车，饱览浩瀚的原始森林。在缆车上俯瞰一座座青山平坡或丛林间精工雕塑的组画,乐趣无穷。例如象群饮水、虎群角斗、猴群摘果、鸟群栖息……每组雕塑活龙活现，神采奕奕。

记得那天我乘朋友的车绕道上山时，在山腰上看到几组雕塑组画，引人入胜。我们高兴地停车下来赏景，还在八仙过海的组画和刻有寿字的石壁前留影，兴致勃勃，谈笑风生，情趣非常。

高原中心除设有巨大的娱乐场和运动场外，还有小溪可供游人划船。云顶高原的赌场是马来西亚政府允许存在的独一无二的赌场，人们称其为“马来西亚的拉斯维加斯”，它也是东南亚最大的赌场，每逢周末24小时营业，许多好赌之士，更是趋之若鹜，纷纷上云顶高原的赌场搏杀一番。赌场在平时凌晨4点到上午10点休息。在赌场门口贴着雪兰莪州和彭亨州的苏丹告诫穆斯林不准入内的告示。外国游客去赌场，则要出示护照。

谁是云顶乐园的主人?世界很多华人都知道，他就是马来西亚休闲业巨子——林梧桐。当年他艰辛创业的故事鲜为人知:当时他以60万马币，购下了一片面积达4580公顷的山头，他经历很多挑战，其中之一是建筑一条25公里长、穿过茂密丛林和崎岖山坡及峡谷的公路。如今云顶乐园成为世界著名的综合性旅游度假胜地。

从中国来的旅客进入赌场参观时，赌场的老板会风趣地说，他不喜欢中国旅客参与赌博。如果赌输了，他们将扫兴而归。不如让他们带着云顶乐园的好印象回国。

Tips

云顶高原

坐落在蒂蒂旺沙山顶，从吉隆坡驾车前往只需1个多小时。

黑风洞：印度教的圣地

印度教圣地黑风洞(BATU CAVES)，被发现已有100多年之久。黑风洞是一处石灰岩溶洞群。它是奇特的山景和神秘的印度教结合的景观。我们来到了它的面前之时，鸽子成群，游客络绎不绝。

黑风洞

黑风洞位于吉隆坡北郊11公里处丛林掩映、峭壁千仞的半山腰。由3个大洞及约有20处的小洞所组成。其中以黑洞(Dark Cave)和光洞(Temple Cave)最为有名。黑洞有2公里多长，洞内阴森透凉，小径蜿蜒曲折。洞里栖息着成千上万的蝙蝠、白蛇和盲蛇，还有近200种不知其名的罕见动物。

光洞在黑洞隔壁，是由巨大的石灰岩所组成，洞底离地面约100米。高60米，宽80米，阳光能从洞顶的孔穴中射入，因而，洞内并不是漆黑一片，阳光光线使得洞中扑朔迷离。

在光洞附近有一个洞穴，是马来西亚印度教的圣地。旅客必须爬272个阶梯才能到达洞口，许多印度教徒到此膜拜。洞中有1891年修建的印度教庙宇，庙里供奉着苏巴马廉神。另外，还有成百座彩绘的神像。

每年大宝森节(Thaipusam)，是印度教徒的盛大节日。大约有8万名教徒从吉隆坡印度庙走向黑风洞，来此朝圣。圣期为3天，来此表达赎罪或还愿的印度教徒，几乎全身插满铁钉和钩子。

山洞前有一座几层楼高的金色印度佛像，精美细致，高高矗立在那里，使人感到敬仰。旁边一个大棚里坐着大约100多名印度教徒，男女老少都有，虔诚地听着一位大师的传经布道。旁边的彩绘佛像雕塑形态各异，有动物，有神仙，还有人面动物像，在建筑物屋顶上，台座上，墙上，岩石上都有，五彩缤纷，十分鲜艳。

位于光洞下方是暗洞(Dark cave)，在错综复杂的洞穴中，有许多洞穴里生存着动物及世上仅有的生物。而步下阶梯便可到达画廊洞(Art Gallery Cave)，其中展示了雕像及描述印度教传奇故事的壁画。有些洞穴暂未对公众开放，参观必须经马来西亚自然协会同意。

Tips

黑风洞

离吉隆坡市区13公里。

徜徉马六甲的历史遗迹

品味东西方什锦文化

从吉隆坡沿着高速公路南下，2个半小时，便抵达马六甲州首府——马六甲。马六甲位于马来半岛南端，濒马六甲海峡北岸。1989年马六甲正式被联合国科教文组织列入国际历史著名城市名单。

圣保罗教堂

自16世纪初，马六甲先后被葡萄牙、荷兰、英国等西方殖民主义者侵占，此后马六甲陷入殖民统治长达400年之久。

马六甲处处有历史古迹。我亲见目睹这座城市经历沧桑岁月，有着不同风格的建筑物，思绪万千。

古老的马来风格建筑物与西方的建筑物融为一体，清真寺、基督教堂、华人的庙宇，蓝色、红色、黄色、绿色……五颜十色，十分耀眼。15世纪，当马六甲王朝势力强盛时期，阿拉伯商人带着伊斯兰教而来，自此以后那里有了清真寺；1511年葡萄牙人攻下了马六甲，兴建城堡和教堂。今天圣地亚哥古城门遗址，还留下他们古老的大炮；百余年后荷兰人打败了葡萄牙人，广场旁山上建于1521年的葡萄牙教堂断墙残壁，向我讲述它毁于荷兰人炮火的遭遇；1641年马六甲在新的殖民统治之下，那些红色楼房建立了，荷兰教堂、总督府、中央邮政局、钟楼，还有那些铺着红砖的街道，见证了荷兰殖民统治时期马六甲的艰辛岁月。18世纪末，英国殖民者侵入，马六甲又历经新的沧桑。

独立宣言纪念馆（Proclamation of Independence Memorial）位于原来的马

六甲俱乐部剧院内，馆内的展品记载马来西亚独立运动的历史轨迹，具有历史意义的文件、胶片等收藏其中。纪念馆对面的市政绿地，是当年东姑阿都拉曼宣布马来西亚脱离英国统治获得独立的地方。

马六甲河西岸的敦陈祯禄路（Jalan Tun Tan Cheng Lock），他的家族及几家重要华人名族古老的住宅沿街建立两旁。“巴巴娘惹（指华人后裔）传统博物馆”就在附近。在另一条平行街道（Jalan Tokong）上，有一座古老的中国寺庙，称为青云寺。这座寺庙祭奠三位神灵：观音菩萨、关帝、妈祖。神庙雕刻和装饰着富有中国神话形象的图案。还有用来纪念伟大的航海家郑和的碑铭。

漫步唐人街，汉字楼牌迎面而来，太和堂药店、和利香烛行、上海滩火锅楼……马六甲的三保街，更让人感到十分亲切。

马六甲的独特历史因融合了中国、伊斯兰、印度和欧洲文化而引人注目。那里华人后裔开的商铺、葡萄牙和荷兰的建筑、华人寺庙、马来人的回教堂、印度人的印度庙……东西方的建筑物融为一体，让我看到马六甲这个大万花筒。马六甲各种各样的餐馆，为这个大万花筒锦上添花，让我品够了马六甲的什锦文化。

Tips

马六甲

马六甲是马六甲州的首府。它滨临马六甲海峡北岸。

马六甲动物园

访马六甲博物馆

读它悠久的历史

THE STADHUYS 荷兰城

基督教堂

马六甲博物馆，有人称它为“马六甲历史博物馆”或者“马六甲历史文化博物馆”，位于市区东部的马六甲河畔，它建于1650年，原为荷兰总督的官邸。其原本的荷兰式建筑物面貌仍然保存下来。马六甲博物馆展示出葡萄牙及荷兰人的历史文献和华巫族的传统婚礼服饰以及马六甲辉煌过去的历史遗物。

这座荷兰总督的官邸，至今已有300多年的历史。因为其墙、木门均为红色，当地人称它为“红屋”。这座“红屋”历史悠久，原建于马来王朝，历经葡萄牙、荷兰、英国等殖民时代，如今馆内收藏了许多各个时期的历史文物，并公开展览。

在马六甲博物馆的庭院内安放着一尊高3米，重3吨的郑和石像。马六甲历史博物馆里面开辟有“郑和文物纪念廊”，以各种图片、数据、实物，详细地介绍了郑和七下西洋及与马六甲的历史关系。

Tips

马六甲博物馆

也称文化博物馆，或历史文化博物馆：Jalan Gereja，Malacca。

游中国山、三保亭、三保井

追寻郑和的踪迹

三保山又称中国山，它位于 Jalan Temenggung 街尾，三保亭、三保井等古迹也在那里。这些地方都是历史上郑和到访之处。在三保庙驻足于郑和统帅塑像前，我情不自禁地抒发思古之情，重温郑和统帅五次驻扎马六甲的历史。

马六甲炮台

在历史上，马六甲与中国联系密切。明朝时期满剌加王国对华政治、贸易关系有很大发展。明朝航海家郑和先后七次下西洋，马六甲是他必经之地。传说1459年中国皇帝将汉丽宝公主许配给马六甲王国苏丹满苏沙，郑和统帅和公主及随从500余人来到马六甲，被当时苏丹安顿住在三保山上。这座“没有居民居住的山”是当时苏丹满苏沙赐给的，而且苏丹许诺，他们居住的那片土地永远不会被收回。目前山麓边的三保亭和三保井都是当时郑和人马栖息时兴建的，三保井也称汉丽宝井，井中的水清甜解渴，据说即使在干旱季节，那口井也从未干枯。

郑和带领的队伍有部分人定居下来，与当地巫族通婚，他们的后裔在那里代代相传，繁衍生息。今天他们的后代被称为“巴巴（指男性）娘惹（指女性）”，还保留着华人的传统习俗，劳作习惯和生活礼仪与今天的中国人几乎一样。三保山可以说是马来西亚最古老的一个园地，占地43公顷左右，那里至今还保留着众多的华人先辈坟墓，说它是一片墓地，不如说它是一座常年翠绿的公园，古老又年轻的公园，见证了华裔先辈来到马六甲拓荒史实以及华巫两族的友好亲密关系。

三保庙

据历史记载，当时满剌加王国国王拜里米苏拉(Parameswara) 与中国友好往来密切，国王及其子孙曾多次访问中国。

在马六甲关于郑和统帅种种充满着神奇的传说闻名遐迩，经久不衰。郑和航队穿过马六甲海峡，横渡印度洋，直达非洲航线的开辟是世界航运史的一大创举，是对世界航海事业的一大贡献，他航海驻扎马六甲，传播友谊，体现中马两国人民友谊源远流长。

Tips

三保庙(Sam Po Kong Temple)、三保井：Jalan Munshi Abdulah；三保山也称中国山、三保亭：位于 Jalan Temenggung 街尾。

三保山

蛇庙

“东方花园”槟城八景让我流连忘返

槟城马来文为“槟榔之岛”，位于马来半岛的西北岸，槟城也称乔治市，是州首府所在地。槟城为马来西亚第二大城市，商业和旅游业发达。

槟城是一个没有天然资源的小岛，可谓名副其实的典型的弹丸之岛。自然资源匮乏，但其经济却蓬勃发展，成为一个经济繁荣和环境优美的花园。

槟城旅游业一枝独秀。槟城有着众多迷人的旅游点。古老的建筑，中国工匠精心建造的宗祠、“东方明珠”的东方楼宇、世界最大之一的卧佛寺、海边林立的国际水准的度假酒店、具有异国风味的小食店、别有一格的美丽三轮车、蔚蓝的海水、洁白的沙滩……槟城八景闻名遐迩。升旗山：冈峦秀丽，缆车于绿叶红花丛中上下；旧关仔角：古色古香，在古铜色的城堡旁边听海潮呼啸，看海上的

极乐寺

升旗山

归帆点点；新关仔角：山峦翠绿，长堤古木参天，夜间火树银花；丹戎武雅：海滩金黄，椰树婆娑，滩外渔舟荡漾；极乐寺：浮屠、庙宇浑成一体，金碧辉煌，池里水光鱼影，互相照映；蛇庙：古庙林木深郁，香烟缕缕，景致清幽；海珠屿：大伯公庙香火旺盛，观潮台上看海上变化万千；红毛花园：绿草浓阴，水声淙淙，花木艳丽，青山翠谷。还有海水浴场、植物园、蝴蝶公园等名胜点，每年吸引数百万旅客。

槟城人对旅游业感到自豪。他们说：槟城有两方面优势，每年使众多的游客慕名而来。一是阳光、沙滩、海洋和真诚(均是英文“S”开头)；另一是高山、古建筑物、街边美食和友善(均是英文“H”开头)。毫无疑问，四个“S”和四个“H”是槟城宝贵的旅游资源。

槟榔岛与马来半岛距离最近处仅有3公里，昔日靠渡轮联通两岸。1985年，长达13.5公里的槟州大桥建成，跨海长桥横架海峡两岸，蔚为壮观，使人们游览风光旖旎的东方花园更为方便。

槟城经济发展，自然风光秀丽迷人，那里的人们成功地解决了发展经济和环境保护之间的矛盾，令人赞赏和钦佩。

Tips

槟城八景

位于槟城(Pulau Pinang)岛。如极乐寺(Kek Lok Si Temple)：Air Itam, Penang；蛇庙(Snake Temple)：Bayan Lepas, Penang。

我爱看槟城蝴蝶公园

与蝴蝶相亲共处

我曾随团参观槟城蝴蝶公园。独具地方特色的蝴蝶公园令人耳目一新。

蝴蝶公园位于槟岛西北端，被誉为世界第一座热带活蝴蝶展览园,步入园内，只见数千只蝴蝶在浓阴花影间翩翩飞舞，有的蝴蝶还不时在游人身上停落。蝴蝶公园养育有120余种蝴蝶和昆虫，总数达4000余只，每只蝴蝶都依天然习性生活，但为了防止那些蝴蝶远走高飞，园主架设了巨大的天网，让蝴蝶集中于一个天地间，各种各样披着迷人耀眼彩衣的蝴蝶在花丛流水间自由地飞翔，欢快飞舞着生命之曲。尽管蝴蝶拥有自由天地，有些蝴蝶还是不停地奔波，好像试图飞越那巨大的天网，冲向蓝天。

该公园繁殖蝴蝶，园主让游人参观蝴蝶生长的全过程。蝴蝶交尾产卵，而蛹而蛾，恹恹然翼动于人造的花丛流水空间。从蝴蝶的生长过程到各类蝴蝶的品种、产地、习性、培育概况等，导游者介绍得详详细细。公园的展览室展出种类繁多的蝴蝶标本和有关资料，让人看了一目了然。纪念品商店以各种蝴蝶标本或图案制成的纪念品琳琅满目。

公园热带树木郁郁葱葱，鲜花似锦。百合花池塘、人工瀑布和岩石园林等景点增添公园的景色。如果说槟城是“东方明珠”的话，那么五彩缤纷的蝴蝶公园便是镶嵌在明珠上的美丽钻石了。

在吉隆坡及马六甲等地，也有蝴蝶公园，蝴蝶群也很有名气。在沙捞越的树林里行走，彩色斑斓的蝴蝶伴你同行。时时处处目睹那些轻柔纤细，楚楚动人的蝴蝶，看那闪动着彩色的翅翼，上下翻飞，左右盘旋的蝴蝶群，加上蝶恋花的一个个场面，使人感受那里环境确实优美，好一幅生动绚丽的自然图景。

蝴蝶公园

Tips

蝴蝶公园

位于槟城(Pulau Pinang)岛西北端。

你知道槟城的孙中山故居吗?

槟城有孙中山先生的故居，作为一名中国游客能有机会前往瞻仰孙中山先生故居，深感荣幸。

侨生博物馆

槟城曾是孙中山先生生活和工作过的地方，孙中山先生在槟城的历史，是他革命一生中重要的组成部分。

孙中山先生先后共5次来过槟城。第一次，1905年，当时住在小兰亭俱乐部，即今天的打不街阅书报社地址。当时他为日本政府所逐，由新加坡到吉隆坡，后转至槟榔屿，在此期间宣传革命，广联同志；第二次到槟榔屿时，他也住小兰亭；1908年，第三次到槟榔屿时，住在三角田林紫盛的别墅，他一面进行筹款，一面提议组成槟城阅书报社。槟城阅书报社之中英文名字，均系孙中山先生手书；广州起义失败后，他第四次携家属由美国来到槟城，住在四坎店相仔园侧的404号小屋子里。他在槟城主要是组织同盟会总机关；他第五次来到槟榔屿，则为武昌起义之后由马赛乘船来到这里，又一次住在四坎店，与家人团聚。

孙中山先生在槟城停留期间，召开多次革命会议，而后成就了武昌起义与辛亥革命的成功，成立中华民国。

为了纪念孙中山成立同盟会100周年，2002年开始筹划成立孙中山故居纪念馆，于2005年纪念馆设立，纪念馆中的一层地板、家具、厨房等全部保持原样，它成为见证孙中山先生在海外奔走，倡言革命义举的重要地点。

Tips

孙中山故居

第一次孙中山来槟城，住原称小兰亭俱乐部，即今打不街阅书报社地址。后数次他来槟城，居住地点有异

森美兰不用铁钉的王宫

访问森美兰的首府——芙蓉，当然要去神安池看看一座不用铁钉的王宫，一定会让你不虚此行。

Sri Menanti 王宫建于 20 世纪初，是为了取代被焚毁的旧王宫而建。这座为四层的米南加保式建筑，据说是世界上最大的木结构房屋，由本地的两位手工艺及木工专家 Kahar 和 Taib 所设计及兴建。建筑工程前后花了 6 年时间，于 1908 年竣工。王宫主柱高达 20 米，宫内有 99 根柱子，是为了献给 99 位各部族的英雄。宫殿内有国王及王后的卧室、一间大餐厅、儿童娱乐室，在顶楼可俯瞰花园景色。此栋建筑是马来民族的建筑杰作，但其建筑物点缀着华族风格的雕刻。建造时完全不采用铁钉及螺丝，这是王宫的特色。

1992 年时，这座王宫被改为皇家博物馆后，就不断地吸引着很多游客到此参观，成为著名的旅游景点。

木结构的皇宫

浮罗交怡群岛传奇的故事

浮罗交怡群岛的古名为龙牙菩提 (Langapur)，元代航海家汪大渊曾访问龙牙菩提。汪大渊在其所著《岛夷志略》中有专章描写龙牙菩提的景象：龙牙菩提没有稻田，只种薯蓣，收成后堆存屋内，作为储粮。此外还种植果类和采集蚌、蛤、鱼、虾补充薯蓣食用。农产品包括槟榔、椰子等。

另一个说法是 Langkawi (兰卡威) 名称取自老鹰和石头的故事。为什么浮罗交怡又称兰卡威呢?事出有因。传说一位大臣在那里看见一只巨鹰停立于一块巨石上，迟迟不肯离去。他就问村民这石头的名字，村民答是 Batu Kawi。马来语里鹰是 Helang，而石头是 Kawi，他就取鹰名的 Lang+Kawi，此后就称其 Langkawi。后来老鹰也成为岛上的吉祥物。

据记载，1405 年明代《郑和航海图》上称其龙牙交椅，并标出龙牙交椅的位置。

浮罗交怡是来往马六甲的必经港口，但 17 世纪以后，浮罗交怡岛却从人们的记忆中消失了。其中有一个传说闻名遐迩。

传说当年苏丹有个美丽的女儿，因被人诬陷与一位平民青年私通，违反了教义，苏丹对此事气愤异常，决定处死自己的女儿。女儿多次辩白起誓，苏丹都不信。临刑前，他的女儿赌咒说，若她死时流出血是白色的，证明她是无辜被冤屈的。果真如此，她死时流出的血是白色的，并使浮罗交怡从那时起衰落七代人之久。浮罗交怡岛成为一个荒岛。

上世纪 70 年代初期浮罗交怡重新为人发现和重视，马来西亚政府把它开发成一个旅游和海浴胜地。岛上在离市镇瓜埠 12 公里处，旅游者还能看到埋葬着传说中苏丹女儿的坟墓。

浮罗交怡的老鹰广场

兰卡威：旅游“粉丝”新宠

兰卡威（又译朗卡维、浮罗交怡），位于槟榔屿的北方，属马来西亚“粮仓”——吉打州，吉打州是马来王国羯荼的发祥地。距吉打西部海岸30公里，接近泰马边界处。兰卡威是马来西亚最大的一组岛屿，由99个石灰岩岛屿组成，面积42.5平方公里。兰卡威主峰王山海拔850米。大部分为热带丛林所覆盖，人口约5万。兰卡威是马来西亚新兴的旅游点，度假海岛(Pulau Langkawi)，岛上风景优美，处处是美丽沙滩。在那里可垂钓、晒日光浴等，如今游船、游泳、潜海等成为旅游“粉丝”新宠。

兰卡威主要游览景点有：瓜拉堤央山村的七仙井（七仙女山冈）的七层瀑；丹戎金马垅有“热水井”温泉、仙人洞、故事岩、黑米乡等；丹戎禺海滩为天然浴场，白沙海岸；孕妇岛上有溶蚀断层湖白鳄潭。由于种种传说，该岛笼罩着一种神秘诱人的气氛。海岛上的历史古迹有狼牙修遗址、玛苏里公主墓、三保公真迹，海岛上的野猪很多，有方铅矿及大理石。主岛南岸巴斯湾港内水深，可停泊巨轮。东岸瓜埠为浮罗交怡县治，渔港，经济和交通中心。

来兰卡威度假的游客也可滑水、骑马、乘坐小汽车欣赏田园风光、橡胶园、小村舍等，兰卡威已被辟为国家公园。

兰卡威是一个购物天堂

1987年，马来西亚政府给予兰卡威自由港地位，使该岛成为免征关税的“购物天堂”。兰卡威举办的重要活动接二连三。1991年11月国际海事及航空博览会在岛上举行，且近几年来常有外国元首和政府首脑来此开会或游览；12月的兰卡威工艺节，4月的兰卡威国际水节和两年一届的兰卡威国际艺术节等，使兰卡威名扬四海，成为旅游“粉丝”新宠。

Tips

兰卡威

也称浮罗交怡岛，距吉打西部海岸30公里，接近泰马边境交界处。

享受热浪岛的休闲

热浪岛又名乐浪岛、利浪岛，位于马来西亚东海岸丁加奴外50公里的南中国海上。是马来西亚最纯净、最自然、最美丽的海岛之一。素有“潜水天堂”的美誉，即使不懂水性的人，也一样可以潜入水中观看美丽的珊瑚和色彩斑斓的鱼儿游来游去，更有机会见到大型珊瑚鱼及海龟擦身游过的乐趣，这里的海洋世界定会让你乐而忘返。海底共有超过500种的珊瑚礁群与1300多种的热带鱼，其透明度可达近7.5米深，能清楚看到小鱼的踪影。

玩累了，躺在椰树下，放松身体，享受在清风徐徐吹拂下的海风浪漫与悠闲情调，欣赏海滨热带风情。热浪岛与其邻近的8个小岛(Lima岛、Paku Besar岛、Paku Kecil岛、Kerengga Besar岛、Ekor Tebu岛、Ling岛和Pinang岛等)，被统称为南中国海海域的阳光天堂。在这极具东方色彩和文化风味的岛屿上，喜好大自然和热带雨林者，尽情地陶醉在其清幽、安然浪漫的原始怀抱里。

热浪岛北方的海湾是绵延250米的沙滩，由于沙质绵细柔软、纯净白皙，因此有水晶沙滩的美名。沙岸平缓向海中延伸，及胸的海水，清澈透明见底，掀起朵朵柔和浪花，非常适合玩水嬉戏。如果你想来点儿刺激的水上活动，这里是玩风帆或独木舟的好地方，在专人的指导下，乐于冒险的玩家们也能亲身体验乘风破浪的乐趣。

热浪岛

热浪岛上有机场，每天有航班飞往吉隆坡。很多青年人喜欢来这里度假。不过每年11月1日至3月1日期间，热浪岛基本关闭。最佳旅游时间是3月中旬至9月末。

热浪岛已被列为海洋公园，禁止任何人在岛上拾取海底生物或捕鱼。

Tips

热浪岛

著名旅游胜地，被列为海洋公园。位于马来西亚半岛东海岸。

哪几处能看海龟产卵的奇观？

海龟在红滩产卵

红滩是闻名遐迩的大海龟产卵地，位于瓜拉丁加奴以南60公里，是一个静谧的乡村，这里是有名的海龟产卵地，每年5月到9月的产卵季节，大批旅游者从世界各地赶到这里来观赏这一奇观。

红滩有5种大海龟,体长平均155厘米、体重平均375公斤左右。至今观测到的最大的海龟体长200厘米、体重750公斤。

海龟在深夜从海底慢慢地爬上沙滩找产卵处，找到一处即全力以赴挖开沙子，在里面产下80至100个乒乓球大小的卵，在上面盖上沙子，然后慢慢回到海里，不留任何脚印。整个过程宛如一幕动人的戏剧。如果旅游者一心想看到海龟在海边产卵，恐怕不太容易。而对于海龟来说，也不会落到在众目睽睽之下产卵的尴尬境地。

在红海滩住宿时，若事先向旅游人员说好，一有海龟上岸的消息，服务员会敲客房门通知游客。时间早则夜里9点或10点，晚则黎明4–5点。海龟在海滩上徘徊许久才产卵。产卵结束后海龟爬回大海，产下的卵立即会有工作人员收集保护起来。旅游中心附近的沙滩上有小海龟孵化场。运气好的话可在此看到新出生的海龟宝宝。

东马来西亚的沙巴州距离山打根40公里处的斯林岸(Selingan)、小巴古岸(Bakungan Kecil)及古利桑(Gulisan)诸岛也是看海龟产卵理想之处。每年7至9月为海龟产卵的旺季，几乎每晚可看到海龟上岸产卵的奇观。

到怡保的地质博物馆感受“银色”矿物的魅力

霹雳州的首府为怡保。霹雳州有着众多的旅游点。霹雳是银色之意，因为当地人称锡矿为“银色”矿物。锡矿在霹雳州的历史和经济上占有举足轻重的地位。去怡保，一定要去参观怡保的地质博物馆，一览霹雳州矿业历史，感受“银色”矿物的魅力。

怡保的极乐洞

位于苏丹阿兹兰沙路的地质博物馆，建立于1957年。这里收藏有许多令人印象深刻的矿物、化石、珍贵的宝石及各类石头的样品。它一共收藏有超过600种矿物样本，全部按照其化学成分及构造来分类。馆内所展示的锡矿石最为人称道，它拥有一个世界上品质最好的锡矿石样本。

怡保景色优美，除了参观怡保的地质博物馆外，许多壮观的山洞寺庙，诸如三保洞、南天洞、东华洞和霹雳洞闻名遐迩。霹雳洞又称吡叻洞，洞前庙宇依山而筑，古木参天，鲜花盛开。洞内石径回环，文物价值连城。主洞高约40米,深约70米,供奉巨大的释迦牟尼坐像。而四周的峭壁上画着十八罗汉和唐僧取经图。张大千等著名画家的百余幅壁画也在其上。还有造型优美的佛像60多尊。洞内钟乳石千姿百态，联结成群。

洞前西侧有座巍峨的龙门楼，同邻近的高楼峻阁组成完美的古代建筑群。有趣的是洞内有石梯通向后山。霹雳洞出口处，在高处的中国式牌坊上刻有“出门已是人间世，回头应感别有天”的对联。到那里游山洞寺庙，是一个开心的选择。

瓜拉江沙是霹雳州的皇城，有着许多具有历史价值的建筑，以及霹雳州最美丽的岛屿——邦咯（pangkor），也值得一游。

Tips

怡保地质博物馆

位于霹雳州的首府怡保苏丹阿兹兰沙路。

去彭亨州访原始森林、高原胜地、田园风光

彭亨州是马来半岛最大的一个州，总面积 35960 平方公里。其面向东海岸的海岸线有 208 公里。关丹是州首府，距离关丹 45 公里的北根（Pekan）则是皇城。彭亨州人口超过 1100 万。州内有一条马来半岛最长的河——彭亨河（Sungai Pahang），以及马来半岛最高的山——大汉山（Gunung Tahan）。

根据考古学家所挖掘出来的证据显示，彭亨州最早的原住民是在淡比灵河 (Tembeling River) 一带。中国的历史记载，彭亨于公元 7 世纪至公元 13 世纪时期，曾经是以苏门答腊为基地的 Srivijayan 佛教王朝的臣属邦。

三分之二的彭亨州土地属于森林区，因此，州内的主要经济活动是仰赖农业及天然资源。著名的国家公园 Taman Negara 就在这里，据科学家估计，公园里的原始森林有 1.3 亿年的历史。它拥有丰富、自然的生态，吸引不少旅游者来此探秘。公园里建有特别的树顶吊桥和瞭望台，供旅游者轻松舒适地欣赏大自然以及窥视夜间出来觅食的野生动物。

在彭亨州的瓜拉大汉原始森林河畔，目前还住着一群皮肤黝黑的原住民，不分男女老少还是赤裸着上身。居住着传统的亚答屋，过着原始的森林生活。通常游客不去这些地方，而去参观已经开发的原住民村落。

高原避暑胜地——金马仑高原全年气候凉爽，盛产茶叶、蔬莱和花卉。那里有许多旅店及别墅供旅客住宿。

福隆港不是港，是高原避暑胜地。福隆港是当他华人的惯称，位于彭亨州劳勿县西南，海拔 1524 米。这里风光秀丽，山水长年飞泻，涌流成河溪，泛滥则成港湾，这是福隆港名称的由来。福隆港的建筑物几乎全是 19 世纪的英国式小别墅，加之气候凉爽，风景如诗如画，令游人流连忘返。

彭亨州平原则种植了大量经济作物，油棕园、可可园及橡胶园处处可见。田园十分秀丽。彭亨州还有一个很长的海岸线。捕鱼业及旅游业是该州经济的主要来源。州内也有小规模的制造业及家庭手工业。

Tips

彭亨州原始森林

位于著名国家公园 (Taman Negara) 内；高原以金马伦为著名，位于威廉·金马伦 (William Cameron)。

寻访马来文化的发祥地：哥打巴鲁

哥打巴鲁是马来西亚吉兰丹州首府，马、泰边境重镇。位于吉兰丹河下游东岸。人口17万多，这里的华裔人口约占总人数的5%。它还是马来西亚东北部交通枢纽。铁路经过吉兰丹河西岸，公路有东海岸南北线和横贯北马的东西线。水运有内河及沿海航线，还有国内外航空线。

哥打巴鲁是州内物资集散中心。多手工业作坊，著名工艺有蜡染、印缦、布锦、纱笼、草席、藤篮、银器、锡器、银丝织绵布、陀螺等。哥打巴鲁市文化中心展出传统马来文化产品。其中以皮影戏(Wayang Kulit)很有名。它是一种以传统的马来音乐为背景，精巧结合灯光的道道地地的马来艺术。

哥打巴鲁还有制冰、橡胶、椰油、锯木、碾米等厂。20世纪60年代南郊开辟烟草园，建立卷烟厂。郊外11公里有瓜拉海滨浴场；兰陶潘姜的苏丹王宫，壮丽堂皇，皆为旅游胜地。80年代，这里着手发展旁加兰且巴工业区。哥打巴鲁为马来文化的发祥地。

Tips

哥打巴鲁

是吉兰丹州的首府，位于马来西亚半岛东北部。

哥打巴鲁手工艺市场

柔佛州："天府之州" 堤连两国

柔佛州与新加坡只有一水之隔，面积 18986 平方公里，人口 210 多万。柔佛州被称为为马来西亚“天府之州”。沿海多水产，境内多河流，沼泽广布，赤道雨林遍州，雨水丰沛。州内的河流是向新加坡供水之源。橡胶、油棕、菠萝、椰子种植面积和产量均占各州之首。胡椒产量仅次于沙捞越州。

柔佛州风光

在“天府之州”游览最有趣的活动之一是驱车兜风领略油棕园、咖啡园、椰子园的风光。体味“油棕之国”的含义。那一片片的绿色世界，真让你兴奋，让你眼福绵长。

柔佛州的首府是新山，离新加坡市只有 26 公里。为西马南方门户，也是新马之间陆上交通的枢纽。新柔长堤横断柔佛海峡，连结马来西亚和新加坡。它北起新山，南至新加坡兀兰镇，堤长 1056 米，面宽 25.3 米。北段 448 米属马来西亚，南段 608 米属新加坡。长堤中间是铁路，两侧是公路，有 6 条车道，每条宽 3.6 米。长堤成了彼此间重要的往来要道。

由于交通方便，两地人民来往密切，旅客络绎不绝。前往柔佛州一日游的众多。新山游览点不少，大皇宫、苏丹阿布巴卡回教堂、柔佛艺术馆、马瓦手工艺品中心等供你选择。

亚依淡市集

很多旅客选择大皇宫，

柔佛州金海湾商场一角

它位于新柔长堤往西行约1.5公里处，融合了英国维多利亚式建筑特色，外观富丽堂皇，展示柔佛皇室辉煌历史。皇宫四周环绕着精致典雅的皇宫花园，占地约133英亩，皇宫临海而建，景观迷人。皇宫内有收集皇家珍贵收藏品的博物馆,花园内则设有十分雅致的日本茶座。

各种商店和购物中心在市内如雨后春笋般设立，规模较大的有假日广场、彩虹广场和万客隆广场、巨人广场、依士加广场、家乐福广场。这些大型的购物广场，外形设计十分新颖，各种商品应有尽有，而且价格便宜。去新山游览和购物，一举两得。

投向柔佛大自然怀抱会使你倍感温馨。新山北部的哥打丁宜瀑布是个知名的游乐区。那里丛林密布，瀑布下方自然形成了一个天然的游泳池。到此戏水，不仅水凉沁心，还可享受林中幽静的生活，附近建有度假小木屋。

面临南中国海的迪沙鲁海滨也是好去处。它除了拥有长达27公里的金黄沙滩外，还有浓密的葱茏林木，淙淙流水与天然湖泊，处处展现怡人的热带风情。你可在此游泳、垂钓、划船、潜水、骑马、打高尔夫球。海滨有诸多小岛,是你潜水、浮潜、扬帆的海上乐园。

柔佛东北部的Endau Rompin国家公园、丹绒比爱的沼泽红树林等游览点都值得一顾。

新马原为一家。1965年新加坡退出马来西亚后，两国关系密切。1991年1月吴作栋总理访马，双方就东南亚经济合作和两国关系交换了意见。长堤连结马来西亚和新加坡，是两国关系密切的一个例证。

柔佛州游艇俱乐部

瓜拉丁加奴市

郑和足迹和三保庙故事鲜为人知，古老的唐人街值得一顾

瓜拉丁加奴市是丁加奴州的首府，是西马东海岸的古城。由于 1970 年海底油气资源被发现并开采，加之附近海域四个品种的海龟，其中包括重量可达 500 公斤的毛背龟，每年 5 月至 9 月在海滩上产卵的景象，瓜拉丁加奴市因此名扬四海。

丁加奴

事实上，我更喜欢这个古城扑朔迷离的郑和足迹和三保庙的故事。在马来西亚，郑和的足迹四处遍布，在浮罗交怡群岛众多的自然景物中，“三保公真迹”是其中之一，传说中的郑和的脚印，与槟榔屿东南岸巴株曼的石上传说的郑和的脚印合成左右一双。

在瓜拉丁加奴市，关于郑和的脚印的传说，自 1810 年至今已有两百年之久。人们在港畔发现一棵大树及港中有一条凹凸不平、呈现船形的石陵，传说该石陵是郑和的其中一艘船搁浅的。在石陵上可寻获一个郑和留下的巨型脚印，可惜这条石陵后来被炸毁。

位于瓜拉丁加奴市北面吉兰丹路约 20 多公里的日郎河畔，屹立着一座三保公庙，它建于 1942 年，位于偏僻的马来甘榜地区。上世纪 60 和 70 年代两次重修，扩建后的三保公庙，面貌焕然一新。庙前的对联是：故舟渡海留圣迹，开港梯山感宏力。如今三保公庙已成为瓜拉丁加奴市有名的旅游点。

在瓜拉丁加奴市有一条古老的唐人街 (Kampong China)，尽管现改名为 Jalan Bandar，但众多华人还称其唐人街。街头牌楼两条游龙戏弄火球的图像，以及红艳艳的妈祖庙，引人注目。据记载，妈祖庙始建于清光绪年间，如今香火仍然鼎盛。唐人街两旁的房子都是两层楼，楼房很有古意，雕梁画柱。唐人街满目是华文广告、店铺名称。其中张群源家族经营的百年老店“张联兴号”榴莲糕老字号很有名，很多旅客慕名而来。他们的榴莲糕制法有着祖传秘方。老板张群源的曾祖父早年从中国南来，在瓜拉丁加奴市落脚，至今他的后裔已是第五代了。

唐人街上华人的生活习俗，与今天中国福建人的习俗大致相似，仍然凸显着中华文化在这里落地生根的事实。

Tips

瓜拉丁加奴

是丁加奴州 (Teremgganu) 的首府，是西马东岸的古城。瓜拉丁加奴市斑打街是历史悠久的唐人街。

丰富多样的吉隆坡美食

马来西亚各民族都保留着各自的传统饮食。吉隆坡美食汇集全国各地丰富多样的饮食精华。在吉隆坡享受美食，不但口味、香味、颜色俱全，地点也任你选择。从装饰精美有空调的宾馆、饭店到喧闹的咖啡店、平民菜馆；从市场里的小吃店到街边小摊，应有尽有。

马来西亚美食

沙嗲是最受欢迎的马来食物，它是将切块并卤上香料的牛肉、羊肉、鸡肉用细竹签串起来到炭火上烘烤而成的食品，嗞嗞作响的沙嗲配以浓香的花生酱、生洋葱、小黄瓜和米糕一起吃。沙嗲被称为马来西亚民间的“国菜”。

咖喱饭、椰浆饭、油饭、番茄饭、咖喱牛肉、咖喱鸡、怡保面食……以米饭为主食的马来饭菜，以辛辣和咖喱味而著称。

在吉隆坡有许多“香蕉叶咖喱”菜馆，那是印度人开的餐馆。干羊肉、咖喱鸡、咖喱蟹以及各式各样加上调料的蔬菜。香蕉叶只是作一次性的天然绿色盘子。

在这个美食的天堂里，传统地道的泰式沙拉、浪漫情调的意式风味(诸如薄饼、意粉、甜品)、东洋风情的日本菜(诸如生鱼片、铁板烧、寿司、天妇罗等)、西班牙美食炒蘑菇等，菜肴

沙嗲

美味的马来美食

清凉甜品

都非常鲜美。

在吉隆坡最棒的食物好像不在价格高昂的饭馆里，而是在街边的小吃摊、沿街叫卖中心或街边的咖啡店。

茨厂街被誉为美食天堂。满街开着大大小小不同风味的中国饭店、小食店，堪称吉隆坡的不夜城。广州菜、福建菜、潮州菜、客家菜和海南菜这些主要菜系的饭店在吉隆坡很容易找到，四川菜、山东菜菜馆也不难找到。

知名的小吃店分布在吉隆坡各个角落。经典的新九如牛肉粉已有50多年的历史，简单的牛肉河粉，汤却非常鲜美；香滑“老鼠粉”是在烧热沙锅内加上银针粉、碎肉、肉汁及生菜同煮的一道菜，香气四溢；“鸿记”的香辣葡式烧海鲜，都是以锡纸裹着海鲜烤熟；怡保风味馄饨面同样不俗，以鲜鸡及鲜虾熬制上汤，煮成的馄饨面风味独特；烧魔鬼鱼是亚罗街的特色美味，以芭蕉叶裹着鲜嫩鱼块，抹上黄姜汁放在铁板上烤熟，吃时再蘸些马来西亚辣椒酱；水记饭店的鱼头米也很闻名，鱼头先炸香再放在米粉上。汤底用鱼骨和鲜奶熬成，特别鲜美。阿喜肉骨茶是吉隆坡人喜爱的早餐。饭店、小食店中以海鲜店最多，且现叫现煮，很有风味。

吉隆坡美食，丰富多样，让旅游者一饱口福，回味无穷。

古晋的老街坊：历史的脐带

“古晋”一词，马来文是“猫”之意。古晋是沙捞越州的首府，人们称它为猫城。猫城坐落于沙捞越河畔。在猫城闹市区浮罗岸牌楼前竖立着一座猫的塑像，是这个城市和平、吉祥之象征。

古晋海滨

浮罗岸被称为“唐人街”，牌楼古色古香。门楼上的横批镶嵌着“南海瀛洲”四个字。门柱对联令人寻味，主联是：南海有仁邦，政通人和，宇靖年丰，升平堪称盛世；瀛洲本仙岛，耕裕渔足，工赡贸富，安乐媲美桃源；副联是：风下地，风和日丽，喜民洽族谐，政简刑清，处处歌声杂笑语；犀鸟乡，水绿山青，看稻收渔获，仓盈库满，家家富足又安宁。我读对联，顿时亲切感油然而生，有不知猫城是他乡之感。

猫城地大人稀，总面积为508.54平方公里，人口约40多万，分南市和北市，南市市长为华人，北市市长则为马来人。猫城环境优美，一派热带风光，树木向蓝天展绿羽，绿草如茵，鲜花似锦，空气新鲜，古晋被马来西亚列为环境卫生最佳城市，有“花园城市”的美称。

猫城是个古色古香的城市，也是华人聚居之地，历史悠久。当我游览伊斯坦那皇宫，参观那圆堡、四方堡、回教堂、历史博物馆、英雄纪念碑、古朴街坊时，我感觉这古城历尽人间沧桑。人们说，古街道是历史的脐带，真是如此。面对着古老的街道，我禁不住想起猫城的历史。

猫城的老街坊还有海唇街、印度街、

古晋老街坊的小店

甘蜜街等等。民居是一个大熔炉，市区多居住华人,马来人也不少。郊区则多居住土著人，诸如伊班人、达雅人等。老城区的印度庙、清真寺、天主教堂、天后宫……相映成辉。背靠猫眼岭，面临沙捞越河的寿山亭大伯公庙，每年华族春节或福德正神神诞之时，各界善男信女所供奉的巨型龙香，使大伯公庙香火旺盛，吸引众多的达雅人和马来人驻足观看。

开埠已有150多年的猫城，历史上经历过文莱苏丹的多年统治。1842年，英国人詹姆士·布鲁克在古晋建立了“拉者”王朝，古堡上飘扬着布鲁克的州旗。1941年，它被日本占领，称它为“久镇”，古堡上换上日本旗。日本投降后又沦为英国的殖民地，古堡上又升起杰克联盟旗。1963年沙捞越加入马来西亚，古堡才飘扬起马来西亚国旗和沙捞越州旗，历史翻开新的一页。

Tips

古晋的老街坊

位于古晋闹市区浮罗岸一带。

上街看情趣的街名

上街看情趣的街名是一件乐事。在吉隆坡以华人名字命名的街道有15条，如曾担任吉隆坡行政长官的叶亚来、著名企业家和慈善家陆佑、修筑铁路的功臣赵煜、建筑承包商洪成、辛炳，矿业主陈秀连、辛亚荣、陆秋泰、朱晴溪，还有以知名侨领的名字命名的。据有关资料显示，马来西亚14个城镇中，以华人名字命名的街道起码有77处之多。

古晋街道挂满了各种招牌

在猫城上街看街名更是情趣俱增。街道牌上的马来文和华文名字并列，还标有该地区邮编号码。在街道上行走，按图索骥，每次我都如愿抵达目的地。不懂马来文者，看那华文名称既亲切又容易记。昔日的沧桑，今日的繁华，早期土著族、华族和马来族的生活形态……都可以在那些街道名称的字里行间寻找，沿着那流逝的岁月，重新寻访古晋的历史足迹。

以已故政治人物名字命名的街道，教人回顾历史。古晋市区有一条叫东姑阿都拉曼路，原名东升路。这条路是以纪念马来西亚独立之父兼首任首相东姑阿都拉曼的。看到这条街名，使人自然回忆起马来西亚的独立风云。又如敦阿邦哈志奥本路则是纪念沙捞越州首任元首敦阿邦哈志奥本的。他是沙捞越州著名政治领袖，1963年7月代表沙捞越州前往伦敦签署沙捞越州加入马来西亚的重要成员之一。

以华人先贤名字命名的街道，让人

们饮水思源。古晋很多街道是以华族先贤命名的。诸如拿督阿玛丹斯里沈庆鸿路、宋天祝路、黄庆昌路、洪清河路、张君光路等等，又如以英国殖民时期沙捞越的华人甲必丹王长水命名的王长水路、以拉者时期的商界名人王友海命名的王友海路、以建筑商人邱汉阳命名的汉阳街，还有丹斯里杨国斯路等等。根据书籍记载，从中国移居至古晋的华人大约于1830年抵达古晋，他们早期居住在沙捞越河旁的双溪古晋、海唇街一带。今天古晋的中国街、大井巷都是早期华人到古晋拓荒时的落脚地。华族的先贤大部分已离开人间，以他们的名字命名，让人们不忘他们的贡献。

以经济生活和风土人情命名的街名富有诗情画意。甘蜜街以出售甘蜜而得名，这条街建于1878年，至今已有百余年的历史，位于古晋的闹市区，那里一座座两三层楼的店铺鳞次栉比，除有传统的杂货店外，土特产生意兴旺，在水果盛产时，榴莲、菠萝蜜等水果飘香之际，甘蜜街又是水果街、榴莲街。印度街多是印裔商人经营生意之街，主要经营布庄，也经营金银珠饰等，是印裔和华裔融汇一起的街道。海唇街建于1868年，是拉者时期主要商业街，经济活动中心，那里车水马龙，熙熙攘攘。亚答街英文叫木匠街，原意是当时街旁的店屋都是用亚答叶建成的。这条街拥有三座百余年历史的古庙：凤山寺、天后宫和上帝庙。1886年那里发生大火，全部店屋都以石砖重建，今天亚答屋不复存在，名字依然，使人不忘昔日居住亚答屋的日子。

以种种农作物命名的街名，顾名思义，一目了然。古晋原来是一个渔村，种植各种农作物。众多的街名来自农作物的名称。昔日的香蕉路处处是香蕉树，结满一串串的香蕉。黄梨园如今成为凤梨路，红毛丹园建成红毛丹路，树胶路昔日是树胶园，甘蔗园现在成为甘蔗路。美人蕉路叫人想起美人蕉花影，好像看到这种被誉为南市市花美人蕉的容姿。花香街的热带水果芳香四溢，十分诱人。那些顾名思义的街名使人产生一字一珠之感。

其他一些街名也很有趣，都有其来历。如浮罗岸路,达闽路,回教堂路,马吉街、青草路、新邦迪加路、盐柴港路……回忆当年建路命名的情景令人怀古思今。

细读古晋街名，别有情趣。以马来文和华文并列标明街名的景观，是古晋的特色。

独特的沙捞越博物馆

沙捞越博物馆位于沙捞越河畔，是东南亚最著名的博物馆之一，也是享誉国际的博物馆，是人类文明重要窗口之一。沙捞越博物馆被视为研究婆罗洲历史的中心。

这座博物馆位于古晋独立广场一侧碧草绿茵的山坡上。古色古香的屋宇看起来宏伟堂皇，周围环境很美。

博物馆的历史悠久。据沙捞越史书记载，早在1878年，沙捞越第二代统治者拉者·查尔士就计划兴建沙捞越博物馆，1886年他利用布洛克罗在拉让地区采集的研究标本作为博物馆展品，从此逐渐

沙捞越博物馆

扩大。1891 年沙捞越博物馆正式建立。博物馆几度维修，改建、扩建，自 1891 年至今，博物馆不断扩大充实，形成规模。

馆内藏品丰富，分为自然、历史、人类文化学、考古、古董、展览和教育、档案和参考图书馆等部分，展品包罗万象。该馆除大量收藏了婆罗洲历史和文物外，还收藏了大量艺术雕刻品、艺术品、各种贝壳、印刷机等，也大量收集了婆罗洲的动物群和植物群标本，有哺乳动物、鸟类、爬行类、鱼类、昆虫等标本，如各种犀鸟、蛇类、蝴蝶等，热带雨林的各种植物标本应有尽有，共约 8 万多件。单就出土文物以及陶瓷器来说，就有 3000 多件。展品中还有出土的中国唐朝、明朝、清朝时期的陶瓷器，宋朝和元朝的陶瓷器也很多，这说明历史上婆罗洲与中国源远流长的联系，友好往来。

档案和图书馆部分收藏了婆罗洲各时期的文件和宪报，还有历史书籍数万册。具有民族特色的展品引人入胜。在馆里，参观者可看到具有地方民族特色的大型展品。如长屋、高脚屋、独特圆形会堂、精美木刻门楼，用竹子、盐木、亚答叶为材料建成的建筑物，充分反映伊班族、马来族、比达友、内陆民族等民族原始的居住环境，显示了沙捞越土著民族的特征和传统习俗。

展品中有一件尤其引人注目，那是土著族群的古坟——木柱坟墓。据说木柱坟墓已有 150 年的历史，木柱顶端的大木盒里装有死者的遗骨，是 1920 年从拉让江上游的地区移至博物馆展出的。木柱坟墓与世界其他国家的坟墓截然不同，遗骨悬空，被称为“天葬”，展现了土著民族的葬礼风俗。

Tips

沙捞越博物馆

地址：Jalan Tun Abang Haji Openg。

华人历史文物馆

沙捞越的“老古董”

古晋华人称华人历史文物馆为“老古董”，位于古晋沙捞越河畔的河滨公园里，建于1911年。在查尔士·布鲁克统治时期，这里为华人法庭，1921年华人法庭撤消，1930年起，它成为沙捞越中华商会总会会址长达63年之久。1993年它成为沙捞越华人历史文物馆。

华人历史文物馆外观

这座四方形的建筑物古色古香，正中为展览大厅，左右为辅翼厢房。两道大门门楣上刻有天秤图案。正门两旁有一副充满着激情的对联。上联是“华族万里投荒，喜今日丰衣足食安衽席”，下联是“历史百年作证，记当时斩棘披荆启山林”。这副对联生动地描写华人先辈离乡背井，漂洋过海来到沙捞越艰苦奋斗的拓荒生活，赞颂今日丰衣足食的日子。展览大厅陈列着大量图片和实物，图文并茂，详细地介绍华族移居沙捞越的奋斗历史，以及他们传统的文化和习俗。

19世纪初期，中国政局动乱，政治腐败，民不聊生，中国沿海地区人民纷纷漂洋过海谋生。1898年至1912年之间当时沙捞越统治者布鲁克为了发展经

博物馆里收藏着很多老古董

济和农业，鼓励华人移民到沙捞越务农。随后大批华族农民从福建、广东沿海地区等来到诗巫、古晋等地。他们开拓荒地，建立垦场，虽然遇到种种困难，人地生疏，面临贫困、疾病和水土不适的挑战，又缺乏生产工具，但他们以坚忍不拔的毅力，开天辟地的精神，与极其恶劣的自然环境抗争，战胜重重困难，生存下来，并在那里繁衍生息。他们带来了先进的农业文明，促进了农业的发展。在农业不断发展的同时，许多华人投入商业领域，他们又凭着忠厚和诚实的本质，认真守信的作风在商业中大显身手。他们在发展和繁荣沙捞越经济中做出积极的贡献。他们与其他友族一起，在沙捞越建立了许多大小市镇，引进各种先进工艺技术。他们靠自己的双手，流血流汗，赢得今天丰衣足食的生活。

华人历史文物馆详细介绍了沙捞越华族社团的由来，他们的籍贯概况、分布的地理位置、传统的风俗习惯以及传统的文化等等。华人从事不同职业，涌现出不少先驱者，包括高级政府官员。他们从商居多，成功的资本家、企业家不乏其人。

该馆真实记录了一批拓荒先驱者，例如诗巫垦场"港主"黄乃裳、福建籍人士王友海、诏安籍田考、兴化籍涂耐冰、粤籍刘直、客属刘善邦、潮籍刘建发、海南籍何敦盛等等，同时展出拓荒先驱者的肖像。从一个个先驱者的肖像上，读出他们奋斗的人生，感悟后人为他们撰写的史略。

从中国来访的游客，我建议他们不要错过参观"老古董"的机会，通过拜访"老古董"，我们从中了解并学习华族老前辈艰苦奋斗、自强不息的精神。

Tips

华人历史文物馆

坐落在古晋大伯公庙对面。

世界唯一的猫博物馆巡礼

猫城拥有世界独一无二的猫博物馆。1993 年 11 月 6 日开馆，位于海拔 60 米高的武吉希奥 (Bukit Sio) 山北市大厦内。这间博物馆搜集并展示着许多关于猫的资料，可说是一个让世界各地的猫儿形象聚集的地方，也是研究猫咪的好去处。

一旦来到博物馆，相信你会沉醉其间，乐而忘返。往右边走，各种猫儿的石头画像，维妙维肖，十分有趣。长厅的书架上，各种猫书和有关杂志应有尽有。猫儿的生活状态描写得淋漓尽致。猫的邮票也令爱猫发烧友惊叹。种种"猫品"展示：种类各异的家族共 34 种。猫儿最长的寿命为 37 年。世界最大、最小、最贵、最富的猫儿……逛博物馆时，都能得到答案。

猫城体现了古晋与猫的渊源关系，

猫博物馆

如猫城名称的由来、有关的历史资料和图片。古晋的马来文是“猫”之意。在猫城南市浮罗岸路口牌楼前竖立着一座猫的塑像，这是这个城市和平、吉祥之象征。在猫城北市，坐落于浮罗岸路与东姑阿都拉曼路交界处则竖立着九头猫塑像。九头猫包括一对公母猫和七只猫儿，栩栩如生。九的数字来自华人民间习俗所流传的一种说法，即长长久久，生生不息的意思。也象征古晋市长久不息的发展，经济繁荣，市民安居乐业。

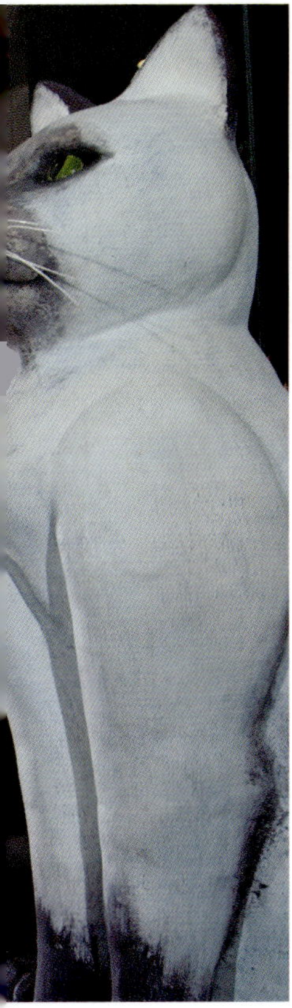

世界各种猫的族类、造型、图像、精雕细刻的猫儿铜像、瓷像、玻璃像、猫的生活状况，分门别类展示出来。中国的陶瓷器和苏州刺绣的猫儿艺术品在陈列品中十分耀眼，展品琳琅满目。

在长厅的角落里，展示着猫族的发源地，那就是埃及古国的尼罗河流域。马来人相信，饲养猫儿会给他们带来好运。马来家庭重视养猫，华人世界中有许多关于猫儿的习俗传说，若猫儿用爪洗脸，表示有客人到访，若猫儿出走，则表示有不幸事情发生。日本人相信猫儿是一切病痛的克星，猫儿有一种神奇的力量。馆内还介绍了日本的三色招财猫，当它举起右手时，是代表招财；而举起左手时，则代表招客。

欧美国家的爱猫者，郑重其事地为死去的猫儿造一座座漂亮的坟墓。在欧美的一些大城市如纽约、伦敦、巴黎等地，便有许多豪华、大型的猫儿专用坟场。在猫墓上刻有猫儿名字以及赞美诗。

博物馆中还有名人养猫的展室，《悲惨世界》的作者雨果(Victor Hugo)是喜爱猫咪的，而白衣天使南丁格尔也曾养了一群猫咪，她每次旅行，必让心爱猫咪随去，科学家爱迪生、牛顿、美国前总统林肯、英国维多利亚女王、法国国王路易十五世、大画家毕加索等都是爱猫之士。

我在猫城居住的4年多，依我用心观察，从州政府的首席部长到普通市民几乎人人喜欢猫儿，也爱这个美丽的猫城。猫城大约有十几万只猫，家猫、野猫、白猫、黑猫……形态各异的猫儿，比比皆是，寻食之猫也不少，顺着它们的足迹，总能听到人们的笑声。古晋看似一个活的猫儿博物馆。

Tips

猫博物馆

位于古晋市武吉希奥山北市大厦内。

沙捞越文化村

多元文化的缩影

我曾陪代表团游览沙捞越文化村，它位于古晋达迈山都望海滨，依山而建，占地面积 17 英亩。从古晋市中心驱车约 40 分钟便可抵达。

沙捞越文化村

风格迥异的住所

文化村里一栋栋民族传统房屋被一片片绿意盎然的森林所环绕，加之纯朴村民居住其中，那里就像一座座活的博物馆。

访问长屋时，家家户户主人当场制作传统的糕点和小食，供客人品尝。比达族友人还让你饮用竹筒引来的山泉水。

普南族人擅长喷筒，他们喷出筷子般大小的竹箭，其劲可透穿寸许树皮。他们仍过着以打猎为主的生活。游客可与他们一起体验喷筒猎食的习俗。

华族保留着 19 世纪初从中国南方迁移来时所建造的亚答屋和农舍。在农舍里有香炉、蜡烛等祭具，表示华人供奉神明和祭拜祖先的传统习俗，农舍门口张贴红色对联，以避邪和驱赶年兽之侵犯。

传统木制的高脚屋十分美丽。它是典型的马来族房屋，很适合炎热、潮湿的环境，有多种实用性。一来高于地面的地板可以防止洪水和动物的入侵；二来可以通过地板底部的空气流通防止地板温度增高。倾斜的屋顶以利加快雨水的流动速度。广阔的屋檐能遮挡进入窗户的炎热阳光。客厅宽广，主人根据客人的性别在不同的区域待客。房屋的装饰，如门窗、栏杆上雕刻着典型的穆斯林花纹或图案。传统高脚屋的设计，反映马来人的灵感和文化。我登上高脚屋做客，仿佛置身于伊斯兰世界文化之中。

令人称奇的作品

文化村向游人展示村民的作品，让人啧啧称奇。件件是传统文化和艺术瑰宝。

伊班族姑娘个个是织布能手。游客一进伊班族的长屋，触目可及便是伊班姑娘坐在古老的纺织机旁，不辞劳苦地织布。

比达友族传统的住屋用竹子建成的。厨房、厨具、竹筒饭、竹椅、竹席、竹篮、竹筐……无一件不是来自竹子。千奇百怪，应有尽有。

内陆民族喜爱文身，他们把文身当作装饰艺术的一部分。男子赤露上身，好看的文身，使他们感到“身价倍增”。当今女子不裸露上身了，但上至手腕手臂，下至脚部都还保留着图案各异的文身。

丰富多彩的民族舞蹈

游览各民族村落之后，游客在剧场里观看各民族的舞蹈演出。剧场定时一天两场演出，每场演出约1小时左右，节目丰富多彩。

威武勇猛的伊班壮士的豪迈舞步，跳越旋转穿梭在盾和剑的拍击之中，珠光闪闪的加央和肯雅族姑娘迈着轻柔的舞步，不知拨动了多少游客的心弦。普南族的击球舞、加央和肯雅族的犀鸟羽毛舞、华族少女的荷花舞、伊班族的丰收舞、马兰诺族的硕莪舞都给游客留下了深刻印象。丰收舞尤其受欢迎。表现伊班族欢庆丰收喜悦的心情，由一名壮士和三名少女合跳，壮士兴高采烈地用牙齿把重达十几公斤的长木臼咬起来与少女一起欢跳，使丰收舞的表演达到高潮。

马来西亚拥有众多的民族，马来人、华人、土著人等组成马来西亚大家庭，人们称其为民族大熔炉。这个大熔炉炼出丰富多彩的多元文化。多元文化正是这些民族赋予马来西亚独有的特色。

Tips

沙捞越文化村

地　址：Pantal Damai,Santubong, Kuching, Sarawak。

文化村

秀色可餐的巴哥国家公园

沙捞越州国家公园以及野生动植物中心共有 10 余处，巴哥国家公园是我喜欢的国家公园之一，秀色可餐。

公园建于 1957 年，位于古晋市北面 37 公里处，总面积为 2742 公顷，是沙捞越州开发最早的国家公园，它不仅以风景秀丽，理想的避暑自然山庄而闻名，也是科学家研究动植物生态的场所。人们称其为植物学家的乐园，生物学家的实验室。

记得有一天，天气晴朗，我们一行 11 人在朋友的协助下，驱车 40 分钟抵达巴哥小镇，上午 10 时在小镇办妥前往公园的手续之后，便登上汽船，顺着河道，经过 18 分钟的水路，到达大自然的绿野山庄——巴哥国家公园。

在贵宾别墅楼放下轻装行李之后，我们便三两结伴，顺着公园管理处为游人绘制的游览路线去领略大自然的风光。公园为游客设立 16 个游览点，路线、时间长短各异。各自选择，随意随便。

在朋友的陪同下，我们夫妇和同事

巴哥国家公园

顶着中午的烈日去攀登乌鲁阿桑姆山(Ulu Assam)。那座山因产一种刺类的阿桑姆(assam)果而得名。山不高，从山脚至山顶要花40分钟，山路崎岖难行，大岩石很多，从山脚下的岩石登上山顶只靠简陋的木制扶梯，极其险峻。

到了半山腰，在原始树林中，我们惊喜地发现种类繁多的植物群。红树林、灌木林，还有沼泽刺类植物等等。我们看到一种植物，谁也说不出它的名字来，它的叶子长约4米多，十分新奇，都说是平生第一次相见。公园里草木品种繁多，从低地树林到高原生长的灌木丛林，应有尽有，还有那些奇特的食肉植物，如猪笼草之类，千奇百怪。在这个植物王国游览，是真正的绿色旅行，其乐无穷。寄居在那里的动物也有数十种类，鸟类、爬虫类、蛙类、昆虫类……

我们好容易才登上山顶，在顶峰能远眺无边无际的南中国海。下山路中，又是陡峭石墙，高峻悬崖、葱翠茂密的原始森林，无新路可走，只好小心翼翼从原路回来。回住地路上，海蚀洞、海蚀壁、海蚀拱、海蚀礁……千姿百态，光彩夺目，尽收眼帘。悠长岁月海浪侵蚀，在这里留下引人入胜的自然奇观。

在旅舍凉台观景奇趣无穷。除了凉风习习，可以从容不迫地欣赏远处大海景色，心旷神怡。在旅舍近处翠绿的草地上，我观赏那里的一草一木，听百鸟争鸣，昆虫鸣叫。有些动物十分友好地来到我们跟前。看！半米长的大蜥蜴不慌不忙地从你面前爬过。长着胡子的山猪大摇大摆地走出灌木林，来到我们跟前觅食。当它找不到食物时，就以那细小的眼睛盯着我们，无可奈何地离开了。长鼻猴是公园最惹人喜欢的动物，这种动物是婆罗洲岛独有的，体形比一般猴子大两三倍，其鼻子长，又勾又弯，白天不敢靠近游人，在远处的树林上嬉戏追逐，夜里却常出没旅舍，偷吃或抢走游客的食物，游客无可奈何，哭笑不得。

巴哥公园处处是美丽朴素的自然风光，堪称“风景这边独好”。夕阳西下，从大海望去，山都望山宛如一位睡美人躺在天涯海角，为这个公园增添一道风景线。

Tips

巴哥国家公园

古晋巴哥镇附近，从古晋至巴哥镇约40分钟车程，抵达后转乘小船约30分钟。

访长屋：土著人之家

在沙捞越，土著人朴素的长屋、以及他们独特的生活方式，吸引我参观游览。

到长屋土著人家做客

齐全的功能

长屋是一座高出地面2米多，由木料、竹子建成的一间挨一间的长列屋子，周围有篱笆环绕，以防偷袭。长屋之长通常有30米以上，居民少则几户，多则近百户，古老的长屋约有150个门，住有百余人家。长屋棚上住人，棚下饲养家禽牲畜。地面通往棚上则由一条木桐当阶梯，木桐上用刀斧砍成踏脚的梯级，当地人习惯攀登这种梯级，上下如履平地。

长屋的结构分成三部分。一是晒棚，供曝晒谷物和其他用途；二是居室，成排的房间和卧室是用木板作墙壁间隔而成的。我曾在三马丹参观一座长屋的卧室，卧室相当现代化，有沙发、电风扇、电视机、自来水等，与城市人家的住房没有很大的差别，不同的是夜里他们席地而睡。

长廊是长屋的第三部分。它是长屋用途最广的地方，既是居民开会场所、联谊中心、又是会客地点，一切重要庆典都在长廊举行。

长屋设屋长，负责处理长屋婚丧喜庆大事，调解居民各种纠纷。屋长由长屋全体居民推选产生。居民民主推选威信高、经验丰富、资格老者担任屋长，屋长不能世袭，不称职者随时可撤换重选。屋长和其他居民一样自食其力，没有什么特权和报酬。居民过着日出而耕，日落而息的生活。长屋的巫师负责主持各种宗教仪式，也为病人驱魔治病。

罕见的习俗

昔日达雅族有猎取人头的习俗，达雅武士猎的人头越多就越受尊敬，被视为英雄。记得我参观布诺长屋时，看到一串串人头颅骨。那些悬挂着的人头颅骨是他们引以为荣的胜利品。按照过去的习俗，男子必须先猎取一个人头才有资格娶妻，才能赢得少女的芳心。猎人头的习俗后来被政府禁止了。今天这种习俗已不复存在。

我参观长屋时，看到达雅人喜欢保存中国的瓷瓮，尤其中唐、明清时期的一些陶瓷器及古铜器为多，并视为传家宝。

访问长屋，了解土著人的生活习俗和长屋文化。他们面对野兽与不同族人或敌人攻击时，团结起来，共同抗敌；他们也喜欢文身。土著族男子最神往的是“图腾崇拜”，将各种图案以刺青方式文在身上，以此来纪念自已的勇敢行为。身上图腾越多表示自已越勇敢。这种图腾崇拜，就是他们十分珍惜的传统长屋文化。

Tips

长屋

古晋郊区长屋较多，可选择参观。

长屋外观

去实蒙谷野生保护中心看原始森林和犀鸟

去古晋实蒙谷野生保护中心看人猿、犀鸟是一个有意思的经历。这个公园离古晋约 30 多公里路程，驱车 30 多分钟便可抵达。那天，天气晴朗，步入公园时正是上午 10 时多。外面热气腾腾，林中却十分凉爽，沿着林中木板铺就的小路上坡，小路曲折迂回，随着缓坡徐徐上升，视野所及，处处翠绿。高高兴兴地迈步，小心翼翼地攀登，心旷神怡。

保护中心入口处指示牌

我曾从飞机窗口俯瞰沙捞越林区，郁郁葱葱的热带雨林犹如一块巨幅绿绒地毯铺满这个州的大地，弯曲的河流，细长的公路，纵横交错，像金丝银线编织的地毯上美丽的图案。

在林中停留片刻我顿时觉得景物与我在空中俯瞰的景象截然不同。那巨大的匀称的绿色地毯消失了，映入我眼帘的是不同族群的树木构成的层次分明的绿色世界。林中的树木大致可分为五层，最高的一层为古老的树木，可达 60 米之高，那些树木单独或是成簇地向高处伸展，第二层树木约为 45 米之高，第三层则是 23 米至 30 米高的树木了，矮小的树木和灌木丛构成森林的第四层，第五层则是那些矮小的树苗和野生植物、野草之类。层次分明，长幼有序，颜色不同，墨绿、深绿 、草绿、浅绿。

林中的树木参差不齐，矮小的树木争先恐后拼命地朝着阳光向上生长，不过林区的每一处都是充满着绿色的植被，即使是由闪电损坏或是过度成熟的腐树形成的缝隙也很快被新的树苗或嫩芽所弥合了。

我在林中行走，时而听到古树上部簌簌作响，时而听到远处猴子的啼叫声。当我走出林区迈向动植园之时，我看到笼中的人猿，它正在吃香蕉。人猿和猴都是人类的兄弟，猴有尾巴，人猿则没有尾巴，十分可爱。大笼中有数只大型的犀鸟吸引着我。在沙捞越犀鸟是州鸟。

园中的犀鸟可与巴布亚新几内亚的极乐鸟媲美。犀鸟的冠色彩斑斓，颜色有红和橙两色，配上那灰、黑、白相间的羽毛，十分耀眼。那漂亮的形态、锋锐的喙，尖利的爪，与众不同。犀鸟突起的角质冠形似犀角，加之头部与喙部独特，给人印象非常深刻。

犀鸟种类众多，常年生长在那里的有白冠犀鸟、灌木密茂冠犀鸟以及皱纹、花冠、黑白、斑驳、独角、盔状犀鸟，共分为八大种。雌、雄犀鸟颜色各异，雄鸟比雌鸟色彩更加艳丽。

森林为犀鸟提供各种各样的果实，尤其无花果是它的美味佳肴。犀鸟也啄昆虫，但非主粮。森林是犀鸟的家乡，犀鸟则是树林之播种者，互为依存。犀鸟吃了林中之果实，不时吐出大的果实种子，种子也随着消化后的粪便撒落在林中，沙捞越雨量充沛，种子一落地很快生根发芽、成长，犀鸟便是播种果树之功臣。

Tips

实蒙谷野生保护中心

离古晋市区约 30 分钟车程。

中心的类人猿

别具一格的木材博物馆

古晋木材博物馆是沙捞越森林和林业之缩影。它坐落在古晋北市州资源大厦的底层，面积为 7.8 万平方米，这个博物馆宛如一部沙捞越森林和林业的教科书。

博物馆分设 10 个部分：州森林概貌、森林与土地的使用、州木材工业的发展、森林勘探、木材样板、现代伐木机械、传统木材制品、木材工业、安全与训练、森林缩影等，博物馆图文并茂、展品丰富多彩，进入森林缩影大厅，就好像置身于沙捞越的原始森林一样。

参观博物馆即可掌握该州的森林和林业概貌，也可了解州政府保护森林和野生动植物，以及发展木材工业所采取的措施和努力，受益匪浅。

在沙捞越，木材工业是州基础工业之一。州每年的木材出口几乎占全国木材出口总额的一半以上。广袤的森林提供了许多优质木材。

沙捞越州森林局提供的资料中的树种名称，我数了数，共有 94 种之多，看

沙捞越林业资源丰富

了树种名称、俗名、学名真是眼花缭乱。一种被誉为州树的木材叫盐木，也称盐材。当地伊班人称它为“Belian”，这种树木生长在婆罗洲，故也称为婆罗洲铁木，沙捞越州生长这种树木，从平原到500米高的山地，从河岸边、冲积地到河流上游的山坡，处处可见这种树木。成长起来的盐木树身巨大，枝叶茂密，高达40米，树身周长约4米以上。盐木质地坚硬，敲之铿锵，耐腐抗蚀，经久耐用，经济价值高，广泛用于建造房屋及桥梁、造船等，作为测量桩、电线杆之用途，比比皆是。在沙捞越用于制作高级家具的好木材品种繁多，不胜枚举。

展厅显示州政府实行限制原木出口的政策,鼓励木材加工业的发展。看那“下游木材加工业”的工厂,流水作业的程序,从原木到胶合板材出厂，十分有趣。他们将原木锯成木板，然后切成木条，再将木条按不同硬度，分类拼在一起，刷上粘合剂后压制成规格不同的板材，这些板材具有不变形,耐腐蚀,易加工等特点。那些看起来不显眼的条条圆木经过加工却变成绿色的“金条”。

广袤的森林提供优质的木材。州政府意识到森林资源的重要性，十分重视保护和发展森林。他们的经验是：一是抓立法。50年代先后颁布了三个法令，执法如山；二是切实加强森林管理；三是积极推行森林种植计划；四是提高全民环保的意识。据介绍，森林局建立了一个遗传基因资源仓库，有效地改进树木的品种。

沙捞越是世界最大的热带木材出口地区，每年伐木业能够带来20亿美元的收益。为了确保森林资源的持续性，近年来州政府适当减少原木产量。例如规定山地的轮伐期为25年，直径60厘米以下树木禁伐；沼泽地带轮伐期为45年，直径40厘米以下树木禁伐。这些措施保护了森林资源的发展。

Tips

木材博物馆

位于Wisma Sumber Alam大厦。

青山岩华人神庙

华人漂洋过海的足迹

青山岩是古晋著名的旅游点之一。坐落于摩拉德巴斯（muara tebas）半岛山丘上。山丘海拔 123 米，位于沙捞河左岸的河口，青山岩环山面海，风景怡人。

青山岩华人神庙

这座屹立于山丘悬崖之上的华人神庙，由前殿和后殿组成，中间由天井相隔。前后殿由两道走廊连接相通，侧殿是后来增建的。

青山岩主殿外观宏伟壮丽，正门的牌匾上书写“青山岩”三个字。庙前的神台置放着大香炉。

青山岩神庙供奉着道教和佛教的神祇。每逢初一、十五或是节庆之际，尤其华人新年或元宵节，前往青山岩进香者云集；如逢佛教或道教节日，香客如潮，香烟袅绕。每年香客从四面八方络绎不绝涌上青山岩膜拜，香火旺盛。

青山岩神庙历史悠久。1902 年、1992 年两次重新修建。如今的神庙富丽堂皇，气象庄严。

笔者曾参观青山岩，从古晋市中心出发，沿着 21 公里长的柏油公路，约 40 分钟便可抵达，从山脚拾阶而上，浏览全景，然后逐殿观赏，印象颇深。其特点有三：

神庙坐落于马来族为主的村落。

浓郁的中华文化情韵。青山岩的建筑风格看上去是一座典型的华南式建筑物。神庙主体色彩艳丽，朱红深蓝翠绿金黄……相映生辉，主体正门左右圆柱书写着华文对联，两只昂首挺胸，张开着嘴的石雕狮子屹立于大门两旁。当游客拾阶而上来到神庙前的神台天公炉前，你能观赏到墙壁上那条生猛、逼真、威武异常的立体雕龙，显示雕塑者精湛的手艺。神庙中那些雕梁画壁尤其富有中华传统艺术特点。青山岩还收藏了逾百年的泥塑佛像以及具有艺术价值的木雕等宝贵文物。殿前的对联为：青山幽奇恩泽宏施于赤子，山光秀丽钟毓布化乎苍生。对于那些以华语为母语的游人和香客来说，在异国他乡观赏到这样的对联，无不惊叹。

青山岩是一个理想观光景点。有如它的名字一样，一派郁郁葱葱的风光，山脚下临海之滨有几间华人开设的饭馆，饮食和海鲜生意兴隆，青山岩为鱼虾生产基地，鱼虾等海鲜价格相对便宜，深受游客的欢迎。游客既可在青山岩尽情揽胜，还可品赏沙捞越多样的海鲜，真是一举两得。

Tips

青山岩华人神庙

坐落于摩拉德巴斯 (Muara Tebas) 半岛山丘上。

山都望风景区

古代中国与沙捞越首个贸易中心

山都望是古晋有名的游览风景区，离市区 30 多公里，开车约 40 分钟路程。山都望位于沙捞越河河口的三角洲，三角洲中突出一座大山，叫山都望山，对峙一座小山，沙捞越河由此两座山间滚滚流入大海。

山都望海景

山都望名字的由来有好几个传说，带着神秘色彩。其中一个传说十分有趣：很久以前华人移居山都望，有一个华人客籍农夫在山都望种植多种农作物，那里山猪王常常出没，捣毁农作物。看护农作物的农夫用矛刺山猪王，但没有刺中，山猪王不但没有逃跑，反而向农夫袭来，农夫不得不爬上树，大声呼叫："山猪王!山猪王!"(Santubong！ Santubong！) 村里人闻讯前来，把山猪王赶走，此后那里就称为山都望。客家话的山猪王与山都望相仿。

今天的山都望是马来西亚颇有名气的游览区，那里风光秀丽。在山都望山脚下遥望南中国海，海水连着天穹，真正的海天一色。达迈潟湖度假村和沙滩度假村的园艺设计巧夺天工，把现代和古朴融为一体。海滨水清沙幼，游客可尽情在那里享受太阳浴。依山傍海而建的现代化旅馆酒店层出不穷，鳞次栉比。假日酒店、山都望酒店、文化村……使那里变成一个理想的避暑游览胜地。山都望海滨附近有一个淳朴怡人的渔村，叫文丹村，文丹海鲜饭店远近驰名，是品尝海味的天堂。

1949 年沙捞越博物馆考古工作队曾对古代沙捞越山都望三角洲的遗址进行勘察和发掘，证实中国从唐朝开始就有华人来到沙捞越。据记载，1952 年考古

古晋海滨度假胜地

队在那里发现了13处古代的遗址，遗址分布在河口两岸，其中丹章特谷（Tanjong Tegoh）发掘出一处大约一千多年或更早些时候的铁矿场，在那里还发现很多唐代的陶器及瓷器。公元 618至1368年的唐宋元期间，山都望已成为南洋的重要海港之一，在那些时代，华人从中国大陆漂洋过海来到山都望，在山都望与当地人进行贸易，山都望成为中国与婆罗洲之间的第一个贸易交换中心。华商运来各式各样的陶器、瓷器、玻璃、珠饰、布匹、丝绸等，交换当地的土特产，如藤、树脂、犀角、燕窝、香料、胡椒、丁香等。由于贸易的发展，唐宋期间华人还在山都望建立颇具规模的炼铁工业，山都望冶铁工业鼎盛。华人不仅购买当地的土特产，也购买了当地的铁矿砂。山都望在中国与婆罗洲之间的贸易往来中扮演着重要的角色。

Tips

山都望

古晋海滨旅游区，离古晋市区约40分钟车程。

清澈的海水

看石隆门碧湖

回眸华人挖金矿的历史

石隆门是沙捞越古晋省的一个重镇，位于沙捞越河上游，从古晋至石隆门约有35公里路程,驱车大约40分钟便可抵达。石隆门山峦起伏,山清水秀。那里原来是一片山林，19世纪末华人在此开采金矿，市镇日益繁荣，在历史上鼎鼎有名。今天的石隆门市区已有300余家店铺，开店铺者多为华人。

石隆门碧湖

石隆门因蕴藏着丰富的金矿而远近驰名。传说当时华族先贤到达那里，看见那座突出的结连山似一顶帽子，故称它为帽山。有人说，石隆门旧称为石龙门，源出那里石王爷山脚下有玉石王宫洞，称其石洞门，后人称此胜景为石龙门，众说纷纭。

有名的碧湖就在石隆门镇上。碧湖，过去华人叫做“大巴力湖”，它原是一座金矿，在20世纪初停止采金之后，积水成湖。1990年,新的开采者利用现代科技，抽干了湖水，再次开采金矿。1997年又一次停止碧湖金矿的开采，政府着手美化碧湖，恢复了昔日碧湖之风采。

碧湖虽说是人造湖，却可以与天然湖媲美，湖面长达280米，宽180米，深则有45米。如诗如画的碧湖，湖光山色，清幽绮丽，风景怡人，使人流连忘返。碧湖旁建有亭子和公园，一道拱桥连结湖两岸，公园里空气清净，人们可以在那里漫步纳凉，享受大自然之美。

马来西亚华人诗人吴岸笔下的碧湖如诗似画。“这历史的封面碧波荡漾/绿藻下鳞光闪闪/湖湄有人戏水/漫将白云弄乱/这历史不堪翻阅/涟漪下烟尘滚滚/枪炮声夹着呼喊/自湖底悠悠升起”。碧湖满溢着一湖故事，它是历史的见证者。

据历史书籍记载，历史上海外华人小国“兰芳共和国”建在坤甸。石隆门离坤甸很近。当时的坤甸、三发等地已有华工开采金矿，设有很多公司，“大港公司”就是其中一个。后来不少华工从三发等地来到石隆门，组织“三条沟公司”，开采金矿。开山祖师为广东嘉应籍人士刘善邦。当时从事农业、开金矿者也多为嘉应籍人。

1857年2月18日正是华人新年，石隆门华工为了反抗英国人拉者·查姆士布律克王朝统治，揭竿起义。600多人从短朗(Tundong)乘船沿沙捞越河而下，夜半至古晋，袭击拉者政府机构及炮台，在战役中，拉者从官邸窗口跳生，后来拉者率援兵反扑，华工败退，拉者部队由古晋溯沙捞越河而上，到达石隆门捣毁“三条沟公司”，残酷地杀害华工及其家属，被杀者千余人，陈尸遍野，数十里无人烟，无人埋尸，金山顶成废墟。

华人开金矿所留下的人造湖后来由“巴力金矿”、“石隆门”、“新顺”等公司继续开采，公司多至30多家。矿工有二千余名，有时多至三四千人。一群群赤膊着上身卖苦力的矿工每天把矿砂送到提炼厂去炼黄金。天天掏月月挖，矿地越挖越大，形成一个大而阔的巴力湖，也称碧湖。

碧湖的风景十分迷人。离碧湖不远的黄老仙神庙每逢农历初一、十五，香火鼎盛，善男信女前往膜拜，祈求神明为他们带来平安幸福，风调雨顺。

碧湖风光

看杨氏养鳄场

思郑和带鳄鱼去沙捞越的传说

杨氏养鳄场坐落于古晋西连高速公路旁，是沙捞越最大的鳄鱼养育场。它拥有巨大高深的石灰池，养殖千余条鳄鱼，养殖场四周封闭。

场主陪同参观，详细介绍鳄鱼的种类，特点，习性，养鳄的经历，鳄鱼和人类的关系，以及有关鳄鱼的传说。

鳄鱼养殖场

鳄鱼这种动物异常神秘，贪欲攫人而噬的大牙床，冷酷的眼睛，那尖刀似的利齿，那具有杀伤力的大尾巴，威力非凡。鳄鱼抢吃，争风吃醋的一幕，令人难以置信。

鳄鱼是爬行类动物，是世上仅存的恐龙后裔。漫长悠悠岁月流逝,物换星移,但自古以来鳄鱼的生活和形态却几乎没有变化，它喜欢栖息于沼泽或污浊的河流中。

在沙捞越常见的鳄鱼有两种，咸水鳄又名短嘴鳄，淡水鳄又名长嘴鳄。鳄鱼是脊椎肉食动物，是一种秉性残暴，无肉不欢的冷血动物，以鱼类、哺乳类等小型动物为食，偶尔也会侵犯人或家畜等。鳄鱼需要靠外界的热量如阳光来保持其体温及协助消化。

鳄鱼交配期间最凶暴，经常互相交恶，雄鳄之间为了争夺配偶而互相残忍打斗。鳄鱼通常是在水中交配的，借助水的浮力，完成其交配活动。

母鳄每次都小心翼翼寻找安全理想的地方下蛋,下蛋每次大约5－15分钟,产蛋后用草铺盖在蛋上。产蛋量与年龄息息相关,每次产蛋介于25至70粒之间,10至15年之间的母鳄每次产蛋约30粒

湖里养殖的鳄鱼

左右，15年以上的母鳄产蛋量增多，通常需78至90天时间孵化。母鳄靠后肢和尾巴用草、树叶、树枝及泥土作材料筑巢，3天后蛋开始孵化。幼鳄出壳体长20至25厘米，约10年时间性成熟，体长可长至1.5米，通常年龄为12至20岁左右。

河里的鳄鱼有时会攻击人类。虽然鳄鱼吃人的消息时有传闻，但人鳄之间友好相处的传说十分丰富多彩，扑朔迷离。有一传说,人类与鳄鱼曾经约法三章，订立了互不侵犯的协定，但后来人类却违约了，他们偷取鳄鱼的蛋，剥它们的皮，甚至射杀它们，好像还要让它们灭种，此举令鳄鱼暴跳如雷，鳄鱼不得不以牙还牙，人鳄之战就不可避免了。不过最后人类是赢家，人驯服了鳄鱼，让鳄鱼在池里安家落户，不让它们在河里伤人。

有一传说，使人十分神往。传说郑和统帅七次航海，航行至南洋，到达沙捞越，他发现那里没有一种凶恶的动物可克制其他动物，以确保生态平衡. 因此郑和将中国鳄鱼包裹在蚊帐里，万里迢迢跨越重洋带到沙捞越河上放生，从此鳄鱼在那里繁衍生息代代相传. 郑和是否将鳄鱼带至沙捞越，难以考证。不过笔者却亲眼目睹另一件事，中国珠海市白藤湖鳄鱼岛旅游公司从古晋杨氏养鳄场购买了一批鳄鱼供人参观，鳄鱼乘飞机“出嫁”到中国成为媒体的佳话。

Tips

杨氏养鳄场

位于古晋至西连高速公路旁，离古晋市区约30分钟车程。

尼亚石洞问古

原始尼亚人的壁画令人叹为观止

沙捞越州北部的尼亚国家公园位于米里省，面积3140公顷。尼亚石洞是著名的史前人类的文化遗址。考古学家在那里发掘了4万至5万年前大量的文物和人类骨骸，证明沙捞越的灿烂古代文化。

从米里市至尼亚河边的尼亚石洞只有16公里的路程。它位于米里市的西南面的苏比斯山里(Subis)，距尼亚镇约10公里。尼亚石洞的主洞高、大、深，其他30多个溶洞的“迷宫”，也令人叹为观止。主洞宽约250米，高近100米。其他洞穴有的被命名为“骨骼洞”、“月洞”、“烧焦洞”等，千奇百怪。

置身于尼亚石洞，就好像来到考古和历史学的基地。据沙捞越博物馆记载：上世纪50年代以来，考古学家和沙捞越博物馆研究人员在洞里安营作寨，进行一系列的考古挖掘，发现了尼亚石洞在4万年前便有人类居住的遗迹，挖掘出万余件考古标本和古文物，其中有人类和各种动物的骨骸，石器时期各种各样的石器、骨器，如贝壳、骨珠子、石斧、石锤、犀牛齿、犀牛角及玉器等。

在尼亚东洞中，考古学家还发现了原始尼亚人的壁画。那些壁画约有千年历史，上面绘有各种各样的动物，如大猩猩、蜈蚣等，大小不等，形态各异，形象栩栩如生，据介绍那些壁画是当时尼亚人采用红色的矿物以及一些经久不褪的色料画成的。今天旅游者还能目睹这些杰作，人们称它为“尼亚洞中的古代先民岩画”。与岩画驰名的遗迹是“死船”，考古学家在同一洞穴中发现约2000年前婆罗洲人制作普渡死者灵魂进入另一世界之用的舟形棺木，人们称它为“死船”，“死船”的发现惊动西方考古学家。

在“骨骼洞”中发现大宗古代遗物，其中有大量的陶瓷。考古学家证实：出土的大量的瓷器，如瓮、罐、盘、碗等瓷器，有的瓷器已破碎，但光泽依存，均属于中国的唐、宋、明朝代的。专家确认：尼亚石洞出土的中国瓷器显得光滑而美丽，具有初制的光彩。在那里他们还发现一些金属片以及两枚中国古铜钱，此发现对研究婆罗洲人类文明史很有价值。

看土著人采燕窝

感受不怕苦不怕死的精神

沙捞越是世界著名的燕窝出产地之一，产量高、品质好。在中国物以稀为贵，进口的燕窝，市场行情看好。

燕窝是雨燕科金丝燕属之数种鸟类，吞食大海中小鱼和其他海藻等小生物后吐出的胶状物，或者说吐出的唾液凝结于悬崖峭壁所形成的窝巢。

沙捞越燕洞

中国传统医学多认为燕窝具有养阴、润燥、益气、补中等功效。燕窝含有高蛋白，多种人体必需氨基酸以及多种矿物质等，确是珍贵的补养品，使人健美，容光焕发。燕窝如此珍贵，医疗上有如此功效，却来之不易。我曾应邀参观举世闻名的沙捞越尼亚石洞的燕洞。燕洞顾名思义即燕子栖身之洞，燕洞别有洞天，观看采燕窝，令人叹为观止。

燕洞，高、大、深，进入洞内，人们看到巨大的岩壁上镶嵌着星罗棋布的小洞，燕子在那里筑巢，千千万万的燕窝离地面百余米。据介绍有50万只燕子栖息燕洞中。我请教朋友如何计算洞中的燕子，朋友告知：一种方法是，一洞燕窝采集者在洞中收集了32万多个完整的燕窝，若以一只半燕子共处一窝计算，50万只燕子不成问题；第二种方法是外国专家被聘住进洞里，与燕子相处一起，他们研究燕子粪便的密度厚度，以此作为计算燕子数目的依据。有时燕子的粪便如大雨般落下，有时如点点滴滴小雨，情况不同，计算有异。

燕窝采集者十分辛苦，技术也十分高明，尤其是当地土著民族本南人，他们的技艺令人钦佩。他们在悬崖峭壁系

观看燕窝洞里采燕窝

数藤于岩顶，攀缘而上，敏捷登至顶端或崖壁采集，或者他们把木桩一根一根衔接起来，将木桩悬挂于洞顶，人从地面攀登上去。他们连接木桩方法非常特别，既不用铁钉也不用绳子，而是在木桩上连接处钻孔之后，以盐木制成的长木钉把木桩连接起来。采集者不但要吃苦，且必须善于攀爬。他们不但上下攀登自如，还能从这一根木桩攀爬到另一根木桩，甚至在几根架好的横木上走来走去。有如马戏团的艺人走钢丝一般熟练自如，使人难以置信。采燕窝惊险万分，但他们却履险如夷。如发生意外，若藤断木桩坠下，他们或粉身碎骨，或遍体鳞伤，生命难保。与尼亚石洞比邻的下石洞，洞较小，燕窝采集者干脆在洞中岩壁上建造临时住屋，屋顶便是石洞的穹顶，有的小屋沿着悬崖而建，有的则倚着一个大钟乳。缺粮缺水，但采集燕窝却十分方便。没有不怕苦不怕死的精神，是采集不到燕窝的。

朋友告诉我，为了有效保护燕子，避免大量采集燕窝，造成燕子不能代代繁衍，当地政府任命 19 位志愿者看守尼亚石洞的野生动物，包括严格看管燕洞，以防非法潜入者去偷燕窝。

Tips

土著人采燕窝

可乘飞机至米里市，后从米里市乘车至尼亚国家公园约 1 小时。

姆禄山岩洞奇观

高、大、深，别有洞天

姆禄山国家公园是马来西亚沙拉捞越最大的国家公园，位于该州的东北部。占地面积52864公顷，海拔2377米。它的洞穴闻名于世，是世界爱好探险、寻幽探秘者之天堂。

兰洞、鹿洞别有洞天。从姆禄山旅馆至兰洞只有3公里，我们竟然花了一个半小时才抵达。因为沿途导游为我们介绍奇花异草，怪树奇树。下午4时左右我们进入兰洞，此洞是由当地土著人Lang发现的，故称兰洞。沿着洞内木桥，游人进入神秘的奇宫，钟乳嶙峋，高逾百尺，精致的石笋有垂至游人头顶之感，这些亿年以上的石灰岩可与桂林芦笛岩媲美。虽然洞内的灯光并非五颜十色，但玉石玉笋千姿百态，秀丽多彩，嶙峋的石柱、石壁……处处是奇观。有关当局在洞内建造玻璃顶罩的通道，让游客只能看，不能触摸石壁。

兰洞旁便是鹿洞。此洞是鹿栖身之地，故叫鹿洞。它拥有世界最长的洞穴通道，洞高120米，宽170米，可容纳五座英国圣保罗大教堂。在鹿洞，人们静心观赏，看到好像亚当与夏娃的钟乳石和石笋；又仿佛看到林肯之肖像；好像呈现天女散花的图景；又好像天兵天将降临人间的景象。令人惊奇的是广阔的洞顶镶嵌着无数圆形小洞，星罗棋布的小洞便是蝙蝠栖身之所，真是别有洞天。次日在导游的带领下我们前

姆禄山国家公园

岩洞内奇妙风光

往浏览风洞及清水洞。从旅店的小码头下长舟，沿着风光秀丽的玛琳瑙河而上。长舟似箭滑行，两岸尽是树林，青葱翠绿相间，景致如诗如画。远眺心旷神怡，怡然自得山水之胜。上午9时半我们抵达风洞，依山拾级而上，进入洞内。

风洞因通往帝王洞处有一道天险的通道,置身于通道上,凉风习习,故称风洞。风洞里有着富丽堂皇的帝王洞，在那里游客看到恰似中国皇帝的宫殿，在宫殿里尽是巧夺天工的钟乳石柱和石笋，似造型各异的雕塑，又似大型舞台上的立体布景，灯光色彩艳丽，气势非凡，充满着自然美。

清水洞离风洞并不远，沿着200多个梯级登至洞口，然后再步入洞内。在清水洞面对流水哗哗的河流，导游说，一旦雨季来临，弯弯曲曲的河流，河水变得汹涌澎湃，气势惊人。洞里的河流长达102公里,是世界岩洞中最长的地下河。

在姆禄山国家公园游了四大洞，却未能真正认识姆禄山的全貌。据介绍，1981年，公园发现了全世界最大的地下岩洞，洞长700米，宽415米，高100米，面积为162700平方米，容积为1200万立方米。可停40架波音747客机，或者可停7500辆汽车。做20个以上的足球场之用不在话下。洞内千奇百怪，别有洞天。此洞目前尚未对游人开放。

Tips

姆禄山岩洞

米里省及林梦(Limbang)省交界处，可乘小型飞机至该公园，约35分钟，若取水路约8个小时。

姆禄山看三百万蝙蝠出阵

蔚为壮观的场面终生难忘

姆禄山是马来西亚沙捞越州的游览胜地。每天黄昏，浩浩荡荡的蝙蝠大军出洞是一道独特风景线，游客络绎不绝聚集于姆禄山鹿洞脚下，观看一场稀世的蝙蝠出洞表演。

姆禄山洞内蝙蝠

在晴天里，数以百万计的蝙蝠队伍准时按照它们的生物钟于下午5时半之后大行动。这个巨大的蝙蝠社会似乎有着严密的组织和分工：一声号令，有条不紊地顺序出洞，飞越高山峻岭，飞向无垠的田野和果林，觅寻昆虫，寻找它们喜欢的食物，第二天凌晨飞回洞里。如遇雨天它们就在岩洞里憩息了。

我曾应邀前往姆禄山观看这一奇观。下午5时，我们一行便匆忙向观察台奔走，到了观察台，那里早已聚集不少的游客，正在等待蝙蝠出洞。

人人仰头观望，5时40分左右，蝙蝠陆陆续续出洞了。片刻之后，成千上万的蝙蝠成队飞出，一时蔚为壮观。看!从半山腰的岩洞里正往外飞腾着一条条的飞龙，飞龙由无数翱翔着的蝙蝠组成。这条望不到头尾的飞龙，弯弯曲曲向着天际游动；瞧!出洞的蝙蝠队列长短不一，仿佛似天空仙女抛出一条条镶有黑珠的绸带，在高山之巅飘扬；时而它们队形又似从烟囱式的岩顶洞穴向洞外升腾起股股袅袅的炊烟；时而好像火车或轮船启动时冒出来的浓浓黑烟，有时活像黑炉风门里纷纷扬扬喷出点点的煤屑……蝙蝠出洞持续30分钟,我屈指一算有27条"飞龙"腾出，或者说共有27队长短不一的蝙蝠大军出阵。

在夕阳西下暮色苍茫中，万万千千个小生灵的精彩表演，仿佛在天际山野间举行一场盛会，它们迅捷柔情飞舞的姿态，不时激起游客阵阵的喝彩声和惊叹声。导游告诉我，30分钟至少有300万只蝙蝠出洞。这个数目是经过专家用电脑计算出来的。

据报道，300万只蝙蝠出洞，一天吞食10吨昆虫。

热带地区的蝙蝠种类繁多，马来西亚拥有东亚家蝠、叶鼻蝠、长耳蝠等等，蝙蝠大多数以捕食昆虫为生，但也有以吃水果为主的，人们称它为果蝠。一种吃水果的大蝙蝠称飞狐，它的翅膀完全展开可达到2米宽，但体重只有1公斤，它们专门寻找水果吃。在沙捞越每年 9月中旬榴莲树开花之时，蝙蝠成群结队飞越长空去吃榴莲花。

沙捞越州政府禁止猎取蝙蝠。沙捞越森林局所属的野生物和国家公园执法组不断地忠告守猎者，禁止捕捉及猎杀蝙蝠。据野生保护法令，违犯者将被罚款最高马币万元左右或是坐牢18个月。

Tips

姆禄山看三百万蝙蝠出阵

姆禄山鹿洞脚下，米里省及林梦(Limbang)省交界处，可乘小型飞机至该公园，约35分钟，若取水路约8个小时。

壮观的蝙蝠出洞景象

诗巫“新福州垦场”遗迹

黄乃裳精神永存

诗巫是沙捞越州中部的重要门户，诗一般美丽，巫一般神奇，华文称其诗巫。很久以前那里遍地长满野生红毛丹，当地伊班人叫它 Buah Sibu，故称诗巫。诗巫人口约 18 万，华人居多，且大部分华人原籍为中国福州，讲福州话，生活方式也与目前的福州人相似，故人们称它为“小福州”或“新福州”。

诗巫繁华的街景

在诗巫市区散步，感到十分亲切，那里的街道名称,店铺名都是用华文写成的。市区店铺大多建有骑楼，且多数店铺还保留下层为店铺上层为住家的特点，诗巫处处呈现繁荣进步、车水马龙、丰衣足食，人民安居乐业的景象。

诗巫，绿阴婆娑，花卉绮馥。当我沿着拉让江堤岸散步时，久久被那美丽、神秘的自然景色所吸引；土著人、马来人、华人互惠互利做生意，一派和睦共处的景象。许多华人开设的店铺并不大，经营小生意。如今有的商店经营现代商品，高级电器，如高级音响、笔记本电脑……琳琅满目。一些大公司从事木材、棕油等买卖，生意兴隆。

中国式的七层观音塔，屹立在拉让江岸边，朱红金黄颜色鲜明，相映生辉。屹然擎天的观音塔塔顶上，又竖立一座较小的七层塔，气派非凡。大伯公庙历史悠久，据说庙里的大伯公是 1897 年从中国福建请来的。“大伯公”来自中国的“土地公”，“土地公”见证华人开拓诗巫的历史。

位于诗巫民众会堂的迷你华族历史

博物馆，值得一顾。四位杰出华族闻人所捐献的283件稀世珍品，包括259件陶瓷器、24件铜器，精彩夺目。我最受感动的是，在那里我看到华族先辈们的奋斗史，他们如何漂洋过海到诗巫垦荒，如何与友族和睦相处，共同开发诗巫……一目了然。我目睹那些图文并茂，珍贵的文物，思绪万千。一幅幅充满艰辛，血与泪交织而成的历史画面，感人至深。

诗巫福州公会

在诗巫，人们常常赞颂黄乃裳先生的奋斗精神。这位功臣的史略，详尽陈列在博物馆里。黄先生是原诗巫福州垦场港主，垦荒的先驱者。他为福建省闽清人，生于1849年，是清代举人。鉴于当时满清统治腐败，民不聊生，他发起招募福州劳工去诗巫垦荒，开辟“新福州垦场”并成为港主。1904年他回中国。由于他对诗巫新福州垦场的发展做出杰出的贡献，因此那里华人都很熟悉他、热爱他。

诗巫福州公会成立至今已有60多年，每年庆典的主题在于保持和发扬“福州精神”。“福州精神”即披荆斩棘创造家园的精神；勤俭、刻苦耐劳，重视教育，守望相助的精神，是福州籍先辈们培养起来的良好美德，代表了中华民族拓荒，冒险与勤俭的文化典型。

百年前大批福州人来此垦荒，把诗巫逐渐建成一个拉让江流域最富饶的城市，这就是“福州精神”。“福州精神”就是黄乃裳先生的奋斗精神，就是华人在南洋拓荒和创业精神，是勤劳、进取、智慧、力量的象征。

Tips

诗巫福州城

诗巫是沙捞越中部的门户，坐落在马来西亚最长的河——拉让江的岸边。这座繁荣城市的交通四通八达，去古晋市的交通包括水路、陆路及航空。诗巫的人口约18万，这里的华人大部分是福州人，而且他们是诗巫市的“开市功臣”，没有福州人的默默耕耘，就没有今天繁荣富庶的诗巫。如今诗巫已成为拉浪江流域中最富饶的城市，主要的经济中心。在诗巫市内有许多引人入胜的地方，如风光明媚的山水公园、原住民售卖货物市场、夜市场、沿着拉浪江岸漫步及参观诗巫民众中心的迷你博物院。此外，最吸引游客前来观光是全东南亚最美的七层观音塔。诗巫的码头是带领您游览拉浪江河岸的起点；每天早上，有许多外观似飞机的快艇排列在码头，潇洒的恭候游客的莅临，这些快艇服务带领您去发掘沙捞越州原始的美景，既方便又安全。

米里石油城

看加拿大山历史第一口井

米里是一个美丽的海滨石油城，与文莱相邻，是沙捞越州米里省省会。米里原是一个小渔村，1910年，那里发现石油之后，面貌改观，成为沙捞越州的一颗新星。城市面貌给人崭新的感觉。

米里石油城

从翠绿的郊区进入到以新建的建筑物为主的市区，路面平坦、干净，街道整齐划一，两旁的棕榈树像列队欢迎你。我在米里街道上逡巡几趟，看到那里交通秩序井井有条，令人兴致盎然。

米里有着独特的风情画，热带风光的街道、别具一格的民事中心、第一流的米里高尔夫俱乐部、堆满热带水果的菜市场、河边的甘榜水乡、海滨长木桥、郊区的罗东炼油厂、还有那傍海而建气势不凡的海边别墅楼群……那清丽秀色的风景，处处显得均匀、艳丽、朴实。特别是雨过天晴之时，它显得更加美丽了。

在市区流动的人群中，时而看到内陆民族少女穿着传统的服装，身戴成千上百的珠饰和银光闪闪小圆片，她们兴高采烈地进城来。那服饰华丽，佩戴超重型的锤状长耳环，举止高雅，步履雍容的加央族老妇人慢慢行进的身影给人留下深刻的印象。

米里经济发展主要赖于石油及天然气，岸外石油及天然气的发展，方兴未艾。

旅游业的收入也是重要来源，农业呈现一派欣欣向荣的景象。木材、棕榈油、橡胶、胡椒、椰油、可可、水稻等发展大有可为。

据书籍记载，米里发现石油最早始于1883年，1910年开始采油。在石油产量全盛时期，米里共有624口油井。我参观的油井位于米里加拿大山，这是马来西亚历史上第一口井，因当时油井钻探工都是加拿大人，故称那里为加拿大山。自1910年开始产油至1972年停产，这口油井共出产66万桶原油。参观时油井已封闭，油井的木架仍然保留着，现在，这口井已成为历史性纪念物。据悉，一座石油博物馆将建在加拿大山上。

蚬壳公司于1973年把这口井移交给沙捞越政府，供游人参观。因为那是沙捞越石油工业发展的标志，这口有63年历史的油井，看来很平凡，但油田的发现、开采和油井的建立，其背后却流传着很多故事。这些故事牵连着沙捞越拉者王朝之间的王位争执以及石油公司争夺油田的纠纷，故事错综复杂，情节引人入胜。看来争夺石油之战，历史上早就有此剧目。

Tips

米里石油城

位于沙捞越州北部，与文莱达鲁萨兰国相邻。

米里手工艺市场

参观民都鲁林中华文小学

土著人子弟学华文感人至深

民都鲁位于沙捞越州的西北部，原是沿海的一个渔村。数十年前人口仅有5000余人，现人口已近10万。1968年岸外天然气被发现后，这里有了日新月异的变化，现在已成为州工业发展之星。

民都鲁林中华文小学

我有幸参观了民都鲁食油提炼厂和民都鲁吉都隆深水港码头。民都鲁矿藏丰富,蕴藏大量的煤炭、天然气、玻璃沙等。民都鲁数个工业区构成壮观的工业城。

有趣的是，不管到什么地方，只见崭新的厂房，烟囱林立，处处绿树成阴，鸟语花香，虽说那里是工业区，但人们看到那里蓝天白云，没有工业重镇之感。

其实民都鲁也是一个风景怡人的城镇，它拥有美丽的海滩，郁郁葱葱的原始森林，闻名遐迩的森美兰朝国家公园在民都鲁附近。民都鲁市区不大，但主要街道的商店鳞次栉比。人群熙熙攘攘，华人居多，伊班人、马来人也不少，他们交往十分融洽。市区风情种种，构成一幅幅异国风情图景。

我曾参观一所深藏山中的华文小学。这所小学位于民都鲁的美民公路120公里处，周围是宁静的山峦，茂密的森林。这间华文小学的创办者是沙捞越华人企业家拿督刘会干先生。办校之目的在于解决民都鲁木材发展公司子女的教育问题。木山营地远离市区，员工家属子女上学不便，为了解决小孩上学难，解除父母后顾之忧，公司便就地建一所华文学校。学校的经费由公司负担，师资由公司聘请。走过崎岖道路，克服种种困难，山区的华小不仅创立了，而且多年来得到发展。

这所小学独特之处有三：其一，土著生占多数。这所小学创办10年，全校学生共127人，其中土著生109人，华族生只有18人，参观时我看土著生在练习写汉字，有的班在唱华文歌，老师用华语作为教学媒介。土著生用华语交谈、提问题，人人习惯用华语读书。陪同的老师介绍，土著生成绩不俗，有的以佳绩考进中学;其二，学校虽小，设备齐全。除教室外还有图书馆、篮球场、羽毛球场、乒乓室，教师宿舍等；其三，师生对华语的发展前途充满信心。老师对用华语作为媒介语充满自豪感，学生认为学习华语有出路,增加就业机会。师生有共识，学习华文前途光明。

我在异国他乡且在偏远的山区看到这所别具一格的华文小学，听到达雅族学生与华族学生用华语流利的对话，面对着他们书写美丽的汉字……此情此景，让我感到一种难以言表的亲切，心情久久不能平静。

Tips

民都鲁林中华文小学

位于民都鲁至米里的公路旁，离民都鲁约120公里处。

作者一行参观林中华文小学

体验哥打基纳巴卢风情

哥打基纳巴卢是马来西亚沙巴州的首府，原名亚庇。“哥打”马来语是都市之意，“基纳巴卢”则是神山。沙巴有“风下乐土”或“人间天堂”之称。

哥打基纳巴鲁市区雕像

沙巴前称北婆罗洲，位于加里曼丹岛的最北端，面积73711平方公里，人口近200万，亚庇人口约20万。境内有30个民族，山地多，由于开发森林资源、大面积种植油棕、可可以及开采石油，沙巴经济蓬勃发展。

从古晋国际机场大约经过100分钟的飞行就抵达亚庇国际机场。从机场至市区，眼前的景象顿时出现一种全新的感觉。在闹市区购物和溜达的人群川流不息。大街小巷的商店及住宅大都有华文的名称，加之那里人们热情好客、淳朴，对于中国人来说，漫步这个城市之中，倍感亲切。

“亚庇”马来语是火的意思，亚庇曾多次遭火神光顾，称火之都市。亚庇最后一次火劫是在第二次世界大战期间，被日本兵纵火烧成平地。

亚庇的风情引人入胜。圆柱形的沙巴基金局大厦高耸入天，兴建中的贸易及投资中心、多用途的体育馆、广阔的斗亚兰大道、亚庇工业区、新建的商业大厦……构成沙巴大兴土木的图景。过去沙巴的经济主要依靠州内的木材业，今天沙巴经济发展多样化，农业的发展，尤其是棕油和可可的好收成，制造业和旅游业的快速成长，私人企业投资的增加……这些给人全方位开放、发展的印象。

在亚庇，富有地方特色的沙巴州博物馆、穆斯林的清真寺、东姑阿都拉曼海洋公园等都是令人流连忘返的游览胜地。

神山是一个避暑胜地。山上常年气温为摄氏8至20度。神山有很多神奇的故事。在抗日时期，数百名沙巴游击队员出没于神山上，英勇抗日，壮烈牺牲，直至今天，沙巴人民时常祭奠这些为国家为民族而牺牲的英灵。

沙巴很早与中国有往来。市区华人居多，华语十分流行。有学者说，清朝末年，太平天国起义，失败之后，教会协助余众渡海至沙巴，他们在那里安家落户，繁衍生息。太平天国的残部大多以两广人和客家人居多，因此今天亚庇的华人多为客家人的后裔。

土著族群中的卡达山人的脸型极像华裔。传说是在公元前3000年远渡重洋从中国大陆迁移来的，生活习俗与华人接近。很多卡达山人讲一口流利的客家话。

亚庇有“小香港”之称。那里华人社团历史悠久。例如沙巴中华工商总会至今已有百余年的历史。华裔先贤远渡重洋到沙巴，与其他族群和睦相处，共同开拓新天地，流传着很多感人的故事。

Tips

哥打基纳巴鲁

沙巴州首府，原称亚庇，位于加里曼丹岛的北端。

亚庇的农贸市场

看亚庇的红树林

奇妙的胎生植物

我在沙捞越三马丹港口时，看到奇特的景象：潮水退去了，墨绿如黛的树林从海边滩地冒出来，涨潮时，那里出现另一番景象：只见大海波涛起伏，海浪几乎淹没海滩边的树林，那些树林只露出了葱绿色，树梢随波摇曳。沙捞越许多地方长满这种树林，它们生长在高盐度的海边、河口和河海交界处的的盐水中。

绿色的树林称为红树林，叫人难忘。红树林其实并不是红色的树林。红树林的树干树叶与普通树木没什么区别。它是红树科植物，把树皮剥开后，才可以看到它的木材呈现红色，据说红树林的树皮可提炼出红色染料,因此被称为“红树”。

我曾随团重返沙巴州，应邀游哥打基纳巴卢市（华人称其“亚庇”）郊区，乘游艇沿贤保佛哥打克士河游览,这条河离大海不远。年轻的红树连成一排排、一片片，我们还遇到一千年树龄的红树！让我大饱眼福。我们的电动船不大，随时可靠近岸边，那时仔细观察红树林的叶子，别有一番情趣。

看！红树叶的叶子是那样肥厚宽大，背面有一点点的黑斑，导游说那就是它将盐分排出的气孔。红树林根系发达，具有特殊的呼吸根，能吸收盐分。

这样的植物群如何繁殖呢？我凝视那树林垂悬的一条条小棒，那些小棒就是红树林的种子，红树是种子植物，果实成熟后，种子就在果实中发芽，胚轴迅速伸长，和胚根一起形成一个个小棒，这一根根小棒就是红树的“胎儿”，人们称红树为奇妙的胎生植物。成熟后它们自动掉落在滩泥上生根发芽，成长为新树林。

红树林的树叶、嫩枝和种子，是长鼻猴的食物。长鼻猴是沙巴州一种奇特的动物。这种只能生存在河口红树林的猴子，让游客大开视野。

看到长鼻猴也是难得一遇的经历。当天傍晚时分，正是长鼻猴吃晚餐的时间。电动船缓缓行驶入河道，天色也渐渐暗了下来。小船驶入小河道，在月光下我们静静等候。瞬间船家示意我们朝远处看，我们顺着船家所指的方向使劲地看，看到一个个黑黑的小点停在很遥远的树枝上，接着就急忙跃走了。“那就是长鼻猴！”三五成群的生灵，像是表演空中飞人一样准确地跃向其他树枝，一会儿都不见了踪影。

红树林是长鼻猴之家，也是人类的天然屏障。它确有挡风杀浪的奇特功能，居住在海边、河边的人，有了红树林，就有了安全感。我目睹那些纵横交错、盘结如堤的根，觉得它们好像专门管住泥沙溜滑的士兵，它不愧是“海岸卫士”。红树木用途多，其木质坚硬，纹理细密防腐力强，是制作小型家具、乐器的佳料。树叶可作织篮、织席、织帽之用。红树林还可向人类提供丰富的木材。

东姑阿都拉曼海洋公园赏景

东姑阿都拉曼海洋公园位于哥打基纳巴卢外海3至8公里处，一共由7个大小不等美丽的岛屿所组成，那些岸外岛屿，放眼望去，活像一串翠绿的珠链镶在平静的海面上，成为海上乐园。旅游者可任意选择一个岛屿去逍遥。

乘汽艇从码头出发，不到10分钟，便抵达大岛屿。大岛屿称加雅岛，岛屿四周海水清澈见底，海滩细沙连绵，风平浪静，我在海边木桥上漫步，那美丽的鱼群，以及成群结队五颜六色的游鱼觅食的情景，让我难忘。在那里游客还可以租潜水衣，潜水观看景致缤纷而壮观的海底世界。中午在海边大树下享受丰富的野餐，更有情趣。多样的食品和周围的景色确是秀色可餐。午餐后在那里闭眼养神片刻，就爬山去。岛上树木青葱翠绿，山明水秀，景色美不胜收。岛

东姑阿都拉曼海洋公园

上有度假村，度假村不大，但别有一格。每个客房地板下就是时而温顺，时而澎湃的海水。其村内还有研究巨蚌和蛤类生态工程馆，可开阔眼界，增加知识。最惬意的是在海滩边赏景，举目蓝天，白云悠然飘逸，海风袭来，海面银波连天，三五成群的游泳者在海边戏水。老年人在绵细、洁白的沙滩上散步，母亲带着小童拾捡小贝壳，沙滩那边野餐的咖喱饭飘香……

公园内品种繁多的热带鱼

沙庇岛深受热爱野餐和游泳的旅游团体的欢迎。那里是游泳和潜水胜地。潜入水中，和五颜六色的鱼儿一起嬉游，看鱼儿穿梭于珊瑚群中。你也可租用玻璃船一窥海下美景。沙庇岛有供住宿的度假屋。还有潜水训练处。喜欢潜海者，下海前必须接受潜水训练。一来掌握潜海技术和安全要领；二来让潜海者熟悉海水温度、熟悉周围海水环境。会讲华语的导潜，再三强调安全第一。

迪加岛自从建立旅店后，游客络绎不绝。据说美国电视系列《生还者》就是在该岛拍摄的。迪加岛在海边巨树下新建可憩息的栈舍，在岛上修建几条穿越山林的栈道，让旅客方便前往观看泡状火山熔岩涌出。旅客还可前往观树懒。看那些外形似鸡的雉类动物。这些雉类动物产卵后把卵埋入沙堆里让强烈的阳光孵化它们的后代，十有有趣。

海洋公园的岛屿周围环绕着珊瑚礁层及沙洲。缤纷的珊瑚礁层，加上细绵的沙滩及湛蓝的海水，构成了这座兼具娱乐与教育双重价值的海洋公园的美丽景色。

Tips

东姑阿都拉曼海滩

位于东姑阿都拉曼国家级海岸公园内。

神秘的神山公园

哥打基纳巴卢是沙巴州的首府，哥打马来语是都市之意，基纳巴卢则是神山，神山是东南亚最高的山峰，高有4101米。神山又名“中国寡妇山”和“望夫山”。2000年11月沙巴州的神山公园荣获联合国教科文组织世界遗产委员会颁布的“世界自然遗产”称号。

神山气候宜人，山上常年气温为摄氏8至20度，是一个避暑胜地。

神山传奇,名闻遐迩。相传远古之时，一位中国的年轻商人来到北婆罗洲，与一位美丽的卡达山族姑娘结为夫妻，婚后过着幸福的生活。后来这位中国商人北上回故里，临别前，许诺爱妻日后团圆，但这位中国商人回故乡后，杳无音讯，日复一日，年复一年，美丽的姑娘，站在高山上，远望北方，盼星星，盼月亮，不见夫君归来，思君不见君，最后她登上神山之顶峰，眺望南中国海上南来的帆影，终于绝望变成石头，永远守望在高山之巅,故称“中国寡妇山”或“望夫山”。攀登神山，就好像在攀赴一个迷人的神话一样。从近处看神山，风景秀丽迷人，石怪峰秀，洞壑幽奇。车开至半山腰，有时天气骤变，云雾弥漫，阴雨连绵。抵达位于高原1500多米处的神山公园总部。在总部前观神山别有一番情趣。

辽阔连绵黛绿的山峦富有诗情画意。在层次分明连绵突起的群山中，平均超过海拔3600米山峰不少于12座。那些山峰石怪峰秀，巍峨雄伟，秀丽迷人。

奇异的山峰变化万千。当晴空无云时，它像一位巨人宁静地躺在连绵的山野上；当袅袅的云朵缠绕岩峰时，它仿佛一位卡达山姑娘，羞答答地披上一层

Tips

神山公园

此山为克劳尔克山脉一部分，离亚庇市约2小时车程。

闻名遐迩的神山

层的薄薄面纱，神秘秀丽；在烈日下，它的峰峦又似熊熊的火焰燃烧直冲云霄。它时而显得雄伟，时而显得温柔，时而显得炽热，重峦叠嶂，似仙境变化多姿，蔚为奇观。

哥打京纳巴卢神山公园

在神山公园的展馆中我目睹那些奇花异草。在这个大植物园里，植物的类群齐全，诸如藻类、菌类、地衣、苔藓、蕨类以及种子植物，尤其是热带雨林植物种类繁多，万紫千红。

这里有世界上最大的花朵——莱佛士花，珍稀的食肉植物——灯笼草。植物生态随着神山的高度和土质的不同而奇妙地发生变化。世界上900种杜鹃花科，神山公园栈道上则找到25种杜鹃花种。神山公园确是一个巨大的植物园，每年吸引了众多的游客去那里赏芳品翠。

神山公园也是动物之家，树鼠、昆虫等比比皆是，鸟类繁多，“斗龙哥”、画眉等随处可见。夜间那里是身段长达25厘米的竹节虫的世界。

纳闽岛：看国际岸外金融中心

乘飞机从米里起飞，30 分钟就抵达纳闽岛了。从飞机上鸟瞰，纳闽岛宛如一颗漂浮在碧蓝海洋上的明珠，夺目耀眼。

纳闽岛坐落于沙巴岸外约 8 公里的海洋上。四周为南中国海所环抱，总面积为 90 平方公里，人口 6 万多。它位于主要国际航道上，战略地位十分重要。

纳闽岛原是文莱苏丹属地，1846 年后成为英国殖民地长达 115 年之久。1963 年同沙巴、沙捞越一起加入马来西亚。1984 年正式成为马来西亚政府联邦直辖区。

市区不大，但街道整齐，商店、杂货店、旅馆、小吃店，鳞次栉比，小巧玲珑。街道中间栽种着热带树木，绿草如茵，整个市区掩没在绿色中，老市区没有高楼大厦，但新开发的金融区却不同，那里正在大兴土木，新的高楼大厦正在冒起。纳闽岛以免税天堂著称，物美价廉，名不虚传，那里作为免税发展区，市场上的汽车、烟、

纳闽岛金融区

酒、服装或者其他日用品价格都比较便宜。与东马其他地区比较，有的酒类如啤酒几乎便宜一半。50 年前在英国殖民统治时期，它就被划为免税区了。

绕岛环行，名胜古迹众多。岛上战争纪念碑、安诺查末清真寺、和平公园、水上村庄、纳闽广场、金融商业园等都是游览好去处。战争纪念碑位于丹绒布伦，在维多利亚镇郊外的一个宁静的地方，那里绿树成阴，在美丽如画的公园里，竖立着约 4000 座分别是澳大利亚、新西兰等国家盟军的烈士墓碑，那些战士是 1945 年在岛上战争中壮烈捐躯的。

联邦政府在岛上大兴土木，不遗余力把它发展成为经济、投资、贸易、科技及游览胜地。纳闽岛东南部海湾为深水海港，水深港大，万吨远洋轮可以自由出入，是一个天然良港。岛上工业主要是以港口为基础的造船业、渔业加工业，港口转运业尤为发达。因与岸外油田相邻，因此石油开采业正在蓬勃发展。在贸易方面，除了转口业外，远在上世纪 50 年代起纳闽就与菲律宾南部建立频繁贸易联系。中国纺织品深受青睐，食品罐头深受欢迎，干粮、手工艺品、厨房用具、清洁用品等中国商品应有尽有，每年以数千万元计由纳闽转口销往菲律宾。与文莱、沙巴、沙捞越等的转口贸易也欣欣向荣。

我第二次访问纳闽岛时，金融大厦已落成，金融园已开张。据 1996 年 6 月统计，那里已有 732 家岸外公司，其中包括 51 家岸外银行，6 家岸外保险公司和 13 家信托公司，岸外银行中有 44 家是国际银行。从该岛的有利条件和优惠政策而言，金融中心发展前途光明。

岛上居住 2 万华人，原籍大多是福建、广东。据史书记载，华人移居该岛已有百余年的历史，他们大多从事商业。

Tips

纳闽岛

位于南中国海，离沙巴岸外约 8 公里处，为国际岸外金融中心。

山打根：访塞比洛人猿保护中心

瞻仰卓还来烈士纪念碑

山打根（Sandakan）位于沙巴州的东部海岸，离亚庇市约7小时车程。如乘班机前往，约40分钟便可抵达。山打根是一个重要港口，也是一个贸易中心，那里华人多，华人寺庙也多。其中，普济寺最有名。

保护中心内另外饲养着其他动物

从山打根市区往西驱车20分钟便可到达塞比洛(Sepilok)人猿保护中心。中心建立于1964年，占地4000公顷。共收养20多头类人猿(Orang Utan)，类人猿体形大，长满红毛。这里是世界上三个猩猩保护区中最大的一个，类人猿是其中之一种，都属于灵长类动物。据报道，它们有96%的基因与人类相符。类人猿性格温顺，聪明。中心每天都有类人猿展示超凡的觅食本能。

中心收养类人猿，在于训练它们生存技巧，攀爬本领、树上筑巢能力、在林中觅食、减少给它们喂奶和香蕉，让它们自食其力，逐渐适应丛林生活，以便它们尽快地重返自然，这里仅是类人猿暂时的家。

山打根纪念公园(Sandakan Memorial Park)建在日本人修建的俘虏集中营遗址上。这个公园在于纪念在第二次世界大战期间牺牲的盟军士兵和相关人士。在山打根，我觉得，瞻仰卓还来烈士纪念碑，是一个有意义的选择。

卓还来，福建人，毕业于燕京大学。1940年任中国驻山打根领事，同年12月，日军占领婆罗洲，卓先生及同事被捕禁。1943年1月20日改禁于古晋巴都林丹集中营，与英籍被捕者一起，每天做苦工，受到惨无人道的对待，经常遭受毒打。

1944年9月，卓先生及难友被解往亚庇监狱。1945年7月6日晨3时许，卓先生等5人被日军杀害于亚庇根地咬机场附近的树林中。牺牲时他年仅34岁。

卓还来英勇就义的消息传遍婆罗洲。抗日胜利后，北婆罗洲人民十分怀念这位抗日烈士，为纪念他，当地于1947年在山打根修建约1米多高的纪念墓碑——“卓还来领事被害纪念碑”。1959年7月6日在烈士被害14周年时，北婆罗洲华侨各界代表在各方热忱帮助下，又建立了第二座纪念碑——“卓领事暨同难四人纪念碑”（其他4名烈士为：克拉克，华文名字为李高洁，沙捞越辅政司官员；使徒克司，山打根医生；威伯，工程师；麦唐纳，种植园经理）。纪念碑高约9米，碑基镌刻着卓还来的简历。婆罗洲总督汤堡爵士在主持纪念碑揭幕仪式上说，卓还来等5位伟人“为正义而从容献身是值得立碑纪念的”。

人在国外旅行，幸遇祖国烈士纪念碑，思索烈士英勇就义，异域留忠魂的精神，以此得到启迪教育，这是人生旅途中一件乐事。

中心内的类人猿

Tips

塞比洛人猿保护中心

位于山打根，离亚庇市约7个小时车程，也可乘班机前往，约40分钟，Mile 14, Labuk Rd.P.O.Box 2080 Sadakan, Sabah。

亲近自然 乐活全家

自今天夏天开始，Club Med推出新的生态自然度假村的概念，家庭将会有更多机会与原始的自然互动，享受全新的一系列活动。

在Club Med，我们坚信一个完美的假期意味着感受全新而超出预想的意外体验。而在此之中环境起着重要作用，因为没有什么方式可以比纯粹享受自然更富有魅力了，而大自然的原始美丽也带来无尽的平和与愉悦。孩子们同样也热爱大自然。树木，森林，大海，沙滩……是为他们带来无穷无尽乐趣的源泉。自然而然地，每个Club Med度假村的位置也因此经过精心挑选，将大自然最美丽的部分完整地呈献给我们的客人们。

Club Med马来西亚珍拉丁湾度假村

依偎在马来西亚诗情画意的东海岸和波光粼粼的南中国海之间，这个别具异域风情的热带天堂，拥有占地80公顷的青翠雨林及4公里未经污染的宁静金黄色沙滩。得天独厚地理环境令Club Med珍拉丁湾度假村融合了马来、中国及印度文化的传统风情，绮丽动人，宛如一方世外桃源般的避世净土。坐拥自然之美的珍拉丁湾，也因此成为Club Med第一个生态度假村的完美之选。

Club Med 一价全包套餐

- 当地度假村的接送服务（自由选择）
- 度假村两人一室的住宿，可自由选择房型，客房升级服务
- 度假村内不同餐厅一日三次豪华国际美食
- 中餐和晚餐时无限畅饮葡萄酒，啤酒和软饮料
- 每日不间断的免费娱乐活动，晚间大型文艺演出及欢乐氛围
- 各项水上，陆上活动以及相关的教练指导和入门课程
- 免费酒吧畅饮，精美点心供应
- 婴儿便利设施，儿童迷你俱乐部（4–10岁），青少年俱乐部（11–17岁）

- Club Med宝贝欢迎礼Baby Welcome（4–23个月婴儿）：于房间内和专设的婴儿区域提供婴儿设施，并无另外收费（婴儿床，婴儿沐浴盆，奶瓶加热器等）
- 小小俱乐部Petit Club Med(2–3岁）把世界各地不同国家2–3岁的孩子集中在一起，在G.O的照顾下玩耍休息

ClubMed

家庭度假天堂

当孩子在度假中享受快乐并获得知识后，父母们的快乐假期也因此圆满。在Club Med，无论哪个年龄层的孩子都能得到专业G.O.的照顾，并在他们的陪同指导下参加多姿多彩的文体活动，让孩子玩得开心，更让父母彻底解放，卸下负担，妈妈可以放心地享受SPA，爸爸能够尽兴地打高尔夫球，全家其乐融融，享受亲子假期的欢乐时光。

Club Med为0-17岁不同年龄的小朋友分别提供了理想的环境和服务。

家庭嘉年华

珍拉丁湾一周活动参考（活动有可能根据当地的气候的或特殊情况而有所变化）

	周一	周二	周三	周四	周五	周六	周日
上午 11：30				绘画临摹		家庭鸡尾酒会	
中午 1:00-2:00	动物手工制作		动物手工制作	剪纸表演	彩排		家庭瑜伽
下午 4:00 - 4:30		家庭派对				家庭下午茶	
下午 4:30 - 5:30	丛林夺宝	家庭帆船制作	家庭海龟之旅	迷你俱乐部欢乐派对	丛林主题秀彩排	动物气球	家庭时装秀
下午 4:30 - 5:30	电影欣赏	家庭帆船制作	儿童马戏学校表演	脸部丛林彩绘	丛林主题秀+鸡尾酒会	脸部彩绘+小丑表演	家庭丛林主题秀

3

We all live on the same planet

独特的民俗和礼仪

开门迎宾的开斋节

开斋节是马来人新年，每逢伊斯兰斋月，穆斯林都要实行一个月的白天禁食。斋月后的第一天就是开斋节。节日前夕，穆斯林都要进行捐赠活动，帮助有困难的人。在外地的人纷纷赶回家和亲人团聚。开斋节早晨，穆斯林都前往教堂，举行隆重的祷告仪式。仪式过后，人们互相热烈祝贺，还相互登门拜访。这一天，家家户户准备丰盛饭菜，主食有米饭、糯米糕点、马来粽、咖喱牛肉、羊肉串、烤鸡等风味菜肴。红茶、咖啡等饮料，应有尽有。热情招待客人。

在吉隆坡马来族的开斋节，马来西亚国家元首在皇宫举行开门迎宾活动。那天华族和土著族群朋友，形成数以千计的人潮，从四面八方涌向皇宫，热烈地向国家元首祝贺开斋节。人们互相热烈祝贺，同时也到皇宫享受清真美食。

在古晋时，开斋节那天清晨，我和夫人前往对面江的州元首府，向州元首和首席部长以及马来族朋友祝贺开斋节。别开生面的团拜欢庆活动持续两三天，舞狮助兴、美食佳肴待客，人人喜悦之情溢于言表。州元首“开门迎宾”，招待州高级官员、各界显要、外国领事等，第二天招待普通市民，普通老百姓在那天畅通无阻地进入州元首府，品尝马来饭菜以及各式各样的小食。对于他们来说，尤其看重那一天，见了州长，逛了州长府；吃饱玩好，好不快乐。小孩子更是高兴万分；喜得一个个的“绿包”，“绿包”就像华人的“红包”一样，长者将钱物放在绿色小信封内或由绿色纸包装着，小孩进门逐个分发。在节日里华人发“红包”，马来人发“绿包”，是孩子们一年憧憬与企盼之事，至关重要。他们衣食有着，但却十分看重“红包”、“绿包”，意在与长辈共享喜庆，图个吉利。在那里我又亲眼看到沙捞越州各民族和睦相处的一幕幕。我十分庆幸，有机会与他们共享普天同庆之欢乐。

欢度开斋节

华人传统的春节

华人春节庆祝活动

马来西亚是一个多元民族的国家，多民族和睦相处。每逢重大节日，各族互致祝贺已是司空见惯的事。华族农历新年与马来族的开斋节欣喜相逢。欢庆双佳节气氛尤为热烈隆重。处处欢声笑语，人人喜气洋洋。“恭喜拉雅”(Gong Xi Raya) 的祝福声不绝于耳。“恭喜”为华语，“拉雅”为马来语，华人和马来人巧妙地把祝贺春节和祝贺开斋节融为一体，成为共同心声：恭喜节日快乐。

春节期间当地华人连续三四天开门迎宾，接受宾客上门拜年。家家户户准备丰盛饭菜招待，炸春卷、炸鸡腿、炸龙虾片、咖喱鸡、咖喱牛肉、椰饭等。他们欢庆春节还保持着华人传统的习俗，记得年初一那天我和同事前往华族的州部长、国会和州议员、华人社团领袖、知名人士、企业家、富贾以及一些好友的家里拜年，在那里我亲见目睹马来族以及土著族群向华人朋友祝贺春节的感人场面。他们用华语说“恭喜发财”。他们热情交谈，情感交融，就像一家人一样。

春节团拜之后，华人社团纷纷举行新春联欢会以及敬老宴会。出席新春敬老宴会时，老人被当成贵宾来迎接，在瑞狮簇拥下，戴着红花，进入厅内，坐在贵宾席上。“举办新春联欢晚会，除了联络同乡，增进情谊，最重要的是藉此新春志庆之时，颁发老人新年红包，让同乡长辈父老一同来欢庆新年”，这是一名敬老宴筹委会主席在宴会上致词的声音，这声音好像还萦绕在我的耳边。

敬老宴会形式多种多样，节目多姿多彩。年岁最高的老人常常被请上台与大家见面，长寿星高照，且发给最高额的红包，表示殊荣。敬老宴既简朴又隆重，常常持续两三个小时。敬老是华族的传统美德，提醒大家不忘父母养育之恩。他们在家里孝顺父母，在社会向老人奉出爱心。

春节期间沙捞越的华人喜爱举行挥春聚会。政府华人高官主持开笔仪式。面向出席者，他们常常当场亲手挥毫，博得满堂喝彩，掌声四起。华人朋友带着真诚之心，满腔热情进行书法交流。

我曾应邀出席由古晋中华书画研究会所举办的新春书画展。沙捞越华人热爱中华书画，他们常年努力耕耘，辛勤写字作画，尽心揣摩、砥砺，他们的奋斗精神令人敬仰。

他们的作品硕果累累，丰富多彩，且善于博采各家之长。"结屋三间藏万卷，挥毫一字值千金，四海有知音。"朋友们孜孜不倦地学习书法，并获得娴熟书技，表达他们的理想和意境。出席挥春会的朋友们大多是华族的第三、四代子孙，土生土长，但中华文化根性的习俗代代传承。

春节绚烂多彩的烟花

看华人的衣食住行

感受传统的中华文化

马来西亚最特别之处就是它的多元文化。马来西亚华人的祖先多是从中国沿海地区来的移民，他们既保留着中华民族的传统习俗，又因与当地不同的民族融合而改变。华人的衣食住行的传统文化，又延伸出“土色土香”的中华文化。在马来西亚数年，我既看到当地华人衣食住行与中国人的共同之处，又看到两者之间的差异。

身着“巴迪”的马来西亚青年男女

衣着凉爽：“巴迪”艳丽大方

马来西亚天气炎热，一年皆夏。华人日常穿着似乎十分随便，一件花衣服和一条裤子就可以过日子了。其实不然，在那里，服饰和穿着的规矩颇多，人看衣装马看鞍，当地人十分讲究，一点也不马虎。

在正式场合、社交场合或晚宴，如请柬注明正式穿着，应邀者必须穿着正式制服、民族服装。有的请柬注明穿着“大衣”。穿“大衣”？这让我感到疑惑，经核对，“大衣”就是西服。有的正式场合，尤其在首都吉隆坡，大使递交国书，必须穿燕尾服。外国元首和政府首脑访问马来西亚，欢迎者穿着民族服装或是西服。平日公务员在政府大楼办公也穿西服或“巴迪”。非正式场合，或是朋友聚会，华人穿着随便些。下班运动去，则穿着运动服，运动鞋，打网球和高尔夫球、羽

毛球等，穿着各异。

男女服饰五彩缤纷。正式场合和隆重节日着礼服。礼服就是“巴迪”，这是多民族认同的马来西亚国服。华人也穿国服——“巴迪”。“巴迪”艳丽大方，衣着凉爽，深受欢迎。

在那里，我看到，有的华人家中还珍藏他们的前辈南来时所带的传统服饰，如清朝官服，并视为传家宝。可见他们穿着国服——“巴迪”，也不忘祖辈衣装。

食之甘美：海鲜味、咖喱味俱全

民以食为天。华人的传统习俗：讲究吃，注重吃，平时吃，节日吃，遇到婚丧庆吊之类还要大吃，春节吃，端午节吃，中秋节吃，生日吃，朋友相会吃，朋友从远方来接风洗尘要吃，告别时也要果腹充实。入土为安者，墓前的饭碗、祭品也不少，先人也要吃，在吃上丝毫没有马虎。

“衣食住行”生活四要素中“吃”是首要。从某种意义上说，华族的文化是吃的文化，口的文化，他们对食不厌精，脍不厌细的哲学牢记于心。

一日三餐，早餐要吃饱，中午要吃好，晚餐要吃少，似乎是今天养身之道。但在那里人们似乎最注重吃晚餐。

早晨他们喜欢在小食店用早点，一碗粥、一碗果条或一碗面算完了事。午餐很简单。那里饭店、小食店很多，小摊小店琳琅满目。中午，一碗叉烧饭、海南鸡饭或一盘干炒面就解决问题。一个人中午花费几个马币就吃得很好。随着生活节奏加快，人们日渐简化午餐。曾几何时坐办公室的小姐逐渐不食人间烟火，而是以吃水果代替，少许几片木瓜、苹果、西瓜、杨桃、菠萝……五颜六色，满满一盘就解决一餐。此种简化午餐的做法与发达国家城市的公司企业小姐吃法没有太多的差异。男士也是如此，不吃那些油腻的东西，吃点心和水果完事。

人们很重视晚餐，不是在家里饱食一顿，就是在饭店用餐，宴请朋友。晚宴菜肴相当丰富。宴请朋友很讲究，有几样拼盘，加上五六个热菜。鱼翅、海参、

咖喱制作的海鲜

马来西亚民宿

龙虾以及烤乳猪、清蒸鱼、红烧甲鱼等都是名菜。海鲜味甚浓，当然咖喱味的莱肴，如咖喱鸡、咖喱牛肉等处处可见。

除了宴请外，平时用餐，他们十分节俭。在家里用餐，更为节约。

以我的眼光，华人还保留中国人吃的习俗。宴请时，主人再三替客人夹菜，菜堆在盘里就像一座小山一样，以此表示对客人的热情和尊重。请客以菜多才是体面。我亲见目睹那里的华人朋友宴请时准备十来个菜，告别时还谦逊地说："没有什么可吃的，请原谅。"每次宴会时间拉得太长，有时一顿饭要吃四个钟头，吃得好辛苦。华人吃的习俗，体现主人的热情好客，一些弊端也须改革。

时下他们将剩菜打包回家是一种好风气，不浪费，落落大方，毫无小气之感。吃饭时用公匙母筷，或实行分餐制，讲究卫生，这是我在那里看到的可喜现象。

住之舒适：悠闲味、人情味兼备

马来西亚华人居住舒适：悠闲味、人情味兼备。他们居住大多独院独户，别墅楼众多，别墅楼大都是两层结构，通常有四五个房间，主人间面积居大,有数十平方米不等。还有宽敞的客厅、浴室、卫生间等。别墅楼前后辟有花园，大小因人而异。花园通常栽花养草。华人多数拥有自己的果园，前院或后院栽种芒果、红毛丹、木瓜之类。大户人家屋外还有游泳池，家庭式的游泳池既可以练身，又可消暑气，其乐无穷。

住公寓者也很多。公寓贴近市中心，出入方便。一天辛勤之后，归宿便是一个温馨之家。

温馨在哪里?温馨在于人情味浓，在于独家独院，或者是半独立屋，居室环境品位满足自己的情趣，加之周围环境好,绿色拥抱住所,空气鲜净,交通方便,还能从从容容免受噪音干扰，朝朝暮暮，日起日落，月望月朔，乐在其中。

行之时尚：出国旅游，以寻根谒祖为荣

在人生旅途上，红白庆吊是一件大事。在马来西亚华人办红白事，既传统又现代。

一般说，结婚要分“三部曲”：定婚、纳彩、婚礼大典。婚礼典礼大多在农历八月的吉利日子举行。中秋节之际花好月圆，街上时常可以看到一辆辆扎上各色彩带的迎亲小车。新郎给新娘的弟妹和好友送红包。婚礼大典宴席通常是百人、千人宴。客人送主人红包数目讲究吉祥数字，如999，广东话里“9”与“久”谐音，意在新郎新娘永结同心，白头到老。

漫步街上，有时我看到一队队人马，他们穿着麻衣孝服跟在一辆装有灵柩的汽车后面，前面有乐队伴奏，这是华人送葬的场面。子子孙孙都为长辈送终，全家人都要戴孝49天或100天，还要“守丧”。重孝顺的美德深深扎根于华人社会中。

办红白事都在华文报纸上登广告或讣告，热烈的祝贺词或刻骨铭心的讣告，读了让我难忘。

眼下华人出国旅游是他们的时尚，出国旅游，以寻根谒祖为荣。“寻觅梦中故土”成为千万华人朋友的心声。自从马来西亚政府实行对外开放政策以来，尤其是90年代，华人社团组团访华不少。个人或三两结伴或携家赴华旅游并寻根谒祖者更多。

一位华人朋友说：“寻根谒祖乃是极具深远意义的活动，藉此活动，发扬饮水思源、慎终追远的精神的同时，更可缅怀祖先功德及其创业之艰辛，均有利于我国华裔同胞的奋发图强，积极参与建国行列。”

到中国旅游去，去看看祖籍国，去看看陌生的故乡，去探望从未见面的亲戚，去为祖宗扫墓，去做生意…… 年轻一代的华人朋友纷纷访华，寻根谒祖蔚然成风。

我想，他们的先辈尽管早已落脚马来西亚，并在那里繁衍后代，但始终没有割断和中华文化根性的联系。他们的衣食住行文化，使我感到格外的亲切，毕竟血浓于水，在这个华人文化广阔的空间里，越来越多有共识之处，这是令人欢欣鼓舞的事。

沸腾的丰收节

沙捞越州达雅族和沙巴州的卡达山族每年在5月底或6月初都过丰收节。举行庆典数天至一周时间。

沙捞越政府规定，每年6月1日和2日为丰收节。当地过丰收节就像华族庆祝春节一样隆重热闹。节日里不仅达雅人之间互相祝贺，马来人、华人也纷纷应邀来到长屋和他们共庆节日。我也曾被邀参加节日庆典。

节日里达雅人披上艳丽的围巾，戴上高贵的羽冠，穿上威武的兽袍，佩起祖传的宝刀，欢迎四面八方的宾客。长屋沸腾起来，有盛宴、祭祀、歌舞演出、选美比赛、斗鸡比赛，庆祝活动多姿多彩。长屋居民与来宾一直共舞至天亮。

载歌载舞庆祝丰收节

我们抵达时烈日炎炎似火烧。热情的主人纷纷撑着伞为我们遮阳。腰间缀满银饰的少女为我们佩戴胸花，热烈而隆重的欢迎仪式在长屋前举行。当地议员主持祝福仪式，他把长矛戳穿猪儿的喉咙，表示丰收和祝贺。然后屋长邀请来宾品尝一杯芳醇的杜阿酒，这种酒是长屋达雅人自酿的米酒，来宾个个举杯一饮而尽，表示共同祝贺节日。祝福仪式结束后，客人登上独木斜梯，迈进长屋长廊，出席更隆重的庆典。在长屋长廊里，宾客济济一堂，当庆典司仪宣布出席庆典来宾者还有中华人民共和国驻古晋总领事时，全场掌声热烈。随后屋长致热情洋溢的欢迎词，向来宾和居民祝贺节日，并介绍长屋达雅族和睦相处的情景，接着由主宾致辞答谢。宾主讲话报之热烈的掌声和笑声。讲话完毕，晚宴开始，我们与主人边攀谈边享用“因奈”（母亲之意）细心准备的菜肴，独特的烤鱼块，香喷喷的竹筒饭……人人鼓腹欢腾的样子，令人难忘。长屋长，主人情意更长。

沙巴卡达山人信奉稻神“班勃拉伊”，欢度丰收节时他们在临时搭成的大棚里举行拜稻神仪式。参加者带足七份不同食品，如七包米饭、七个鸡蛋、七盘用鸡肉做的菜……据说，稻神“班勃拉伊”有七个兄弟。巫师主持祈祷仪式。仪式后各家才回村里举行盛宴。

节日的气氛热烈，通常在祭司主持传统祈祷和感恩仪式后，各种舞蹈演出、娱乐活动、选美等，纷纷登场，热闹非常。

品尝马来西亚佳果

旅游者品尝马来西亚佳果是一件乐事。尤其中国南方人，对马来西亚佳果情有独钟。吃果王榴莲、果后山竹、看红毛丹景色、思“望果”、椰园采椰子、摘杨桃、看奇特的菠萝蜜、说说木瓜情结、品尝油炸的牛角蕉是最有趣的享受。

马来西亚的水果品种繁多。榴莲、山竹、芒果、椰子、香蕉、菠萝、菠萝蜜、红毛丹、木瓜、杨桃、番石榴、橘子、柚子、蛇皮果、莲雾、柠檬、槟榔、西瓜……那里的水果很有特色。

四季有果。香蕉、椰子等几乎常年有产。吃的水果中以香蕉排名第一。香蕉不仅可以生吃，还可以制造多种多样的食品，烹调甜美可口的菜肴。椰子树比比皆是。在炎热的马来西亚，它是一种理想的清凉果。木瓜、芒果、菠萝等也永不退市。每年4月毛丹果成熟的时候，生在枝头的果子，红色的黄色的，真是飞焰欲横天，云彩几万重,硕果累累。7月后芒果成熟了，那里变成金黄的世界,人们尽情享用芒果。榴莲一年两次收获，也够满足榴莲发烧友的需求。诗巫的柚子名扬四海。

果实硕大。菠萝蜜、椰子、榴莲等水果硕大无朋。菠萝蜜是世界最大的果子，被誉为“长篇小说”：一个人不能一天读完它，只能慢慢读，天天读。有的菠萝蜜一个重约70斤，20多斤重的很常见。有的榴莲重约40斤。椰子有的大到像篮球那么大。“牛角蕉”，样子像牛角，一条有好几斤重，切成片蘸面粉油炸也够几个人吃。芒果、木瓜一个重约两三斤,处处可见。

形态奇异。诗人吴岸笔下的榴莲是一副盔甲，一顶自由女神的皇冠。它有一副赤道莽林里的青面獠牙，气味撩人三日不绝。黄嫩如蜜的菠萝蜜，样子却如一个巨大的蜂窠。当地市场上出售的蛇皮果，那上尖下圆的形状，那蛇皮一般的果皮，初看起来，也叫人反感。实际它的滋味甚好，又酸又甜，不苦不涩，果肉饱满，核仁也小，味道诱人。从审美观点来说，一些果子如菠萝蜜、榴莲、蛇皮果样子确实不怎样美丽，但好吃。

味道独特。果子味道各异，尤其榴莲、菠萝蜜等水果。那异常奇怪的滋味，使人捏着鼻子匆匆地离开。但久而久之，尝它几次，慢慢地习惯那些气味，便喜欢吃它，觉得它的味道独特。事实上榴莲是极好的补品，虽然“臭名远扬”，但熟悉它们者,见到它们则如痴似醉。木瓜、番石榴等水果，吃了回味无穷。

水果品种繁多，新鲜，原汁原味，可谓自然界中最优质最自然的食物。食用热带水果也需合理调配，注意适量。一次吃水果不宜超过三种。以免互相干扰，影响其排空时间。吃那里的水果，也很有讲究。

欣赏马来西亚音乐

马来西亚确似个多民族音乐大熔炉。那里一个家庭有华族、土著族或马来族的成员不足为奇。在家庭中产生以一个民族为主的音乐，同时吸收别的民族音乐，谱写出大家认同的乐章。

在吉隆坡，马来族的传统音乐让我大饱耳福。那本土与源自波斯的乐器演奏出的“加佐”音乐，让我心怡神悦。这些音乐听起来像诗一般的古兰经，具有浓厚的道德和宗教意义。

在沙捞越，那一脉古幽的韵律，那既艰辛又甜美的劳动和丰收的旋律，那诉说不完的繁华梦悲欢情的乐章……时时打动我的心。在跨越时空跨越种族的乐曲中，它给人们天地间最亲切最朴素的情怀。

在沙捞越，那里人们能欣赏到犀鸟之乡的古典音乐。沙捞越内陆民族的达雅人民间古典乐器沙贝 (Sape) 已经在内陆民族中流传逾两个世纪，在漫长岁月中，为犀鸟之乡奏起无数美妙及祥和的乐章。这种看起来酷似中国古典乐器琵琶的沙贝，是他们最古老最有代表性的乐器。有人说沙贝像吉他，可以弹出比吉他更加扣人心弦的美妙声乐，弹出他们的情感和特性。外国国家元首和政府首脑访问沙捞越，在古晋国际机场载歌载舞欢迎贵宾的队伍中，便有擅长弹奏沙贝的高手。沙捞越原住民酷爱跳舞及赏乐，一天劳动之余，便奏起悦耳动听的沙贝，人们就随着优美的音乐翩翩起舞，尽情享受劳动和丰收之快乐。

据说古时候在闹钟尚未被广泛使用之前，人们还靠所弹奏的乐章来鉴定时间，他们常用沙贝和竹琴来唤醒人们，这种用音乐召唤人们劳作和休息的做法为早期传统长屋所呈现的独特景象。竹琴在内陆民族中也是一种有名的乐器，有逾百年的历史。在沙巴州，不时看到身着传统服装的卡达山和杜顺族少男少女手持当地流行的乐器——Sompoton。这种独特的笙是由干葫芦和芦竹簧管组成的，吹出的乐曲深沉、婉转动听。

华裔把遥远的中华传统音乐带到南洋，与当地音乐交融而呈现出特有的光彩。广东音乐，在那里安家落户，枝繁叶茂。那众多弦乐、打击乐及管乐，在司鼓神话般的指挥下，彼此间天衣无缝地默契配合，又是适时有序地轮番突出，真是恰到好处。潮州音乐，悠扬悦耳令人心旷神怡。“雨打芭蕉”百听不厌。在潮剧欣赏会上，我看那白发朱颜的老人全神贯注地演奏潮州音乐，那似燕子剪水般轻盈跳跃，音若银铃般清脆的“杨琴”，那高亢悠扬的“二弦”，那低回深沉的“胡弦”，那美妙动听的音乐，至今还萦回在我耳边。

民族音乐大熔炉，炼出具有民族特色的多彩音乐，多彩的乐章，反映多民族和睦相处的时代精神，使人感受多元文化的魅力。

有哪些纪念品可买?

去马来西亚旅行，有哪些纪念品可买?依我看，马来西亚的旅游纪念品很多，琳琅满目，让你挑个够。诸如手工艺品、木雕、马来特产、水产或水果干制品等等。买哪些纪念品，按照个人的爱好和需要选购纪念品，是称心如意行事。在富丽堂皇的购物商场买到真货。服装、鞋子物美价廉，而相机、电脑等电子产品也很便宜。

我对西马的独特精致的锡器、东马沙捞越的胡椒等情有独钟。

马来西亚自古锡矿资源丰富，锡器一直是马来西亚著名的传统手工艺品代表。今天，马来西亚锡器在世界各类贵重金属工艺品中更是占据独特的地位。随着锡矿资源的不断减少，锡的原材料价格在国际市场连年上涨，马来西亚优质精炼白锡制成之锡器，更为珍贵。以其极高的品质，具有收藏价值。在吉隆坡以白锡制成的艺术品和日用品处处都有，且价格不高。例如茶壶、茶具、茶杯、茶罐等锡器，小巧琳珑，很受欢迎。

沙捞越是世界上胡椒主要产地之一。那里气候炎热，年降水量可达4000毫米以上，一年分雨季和旱季，阳光猛烈，适宜胡椒生长。第二次世界大战后，华人尤其是广东籍华人在那里开垦了巨大的胡椒种植园。这个州的胡椒年产量占世界胡椒总产量的四分之一，且质量极佳。

胡椒食用和医疗有特功效。这种调味品能促进唾液和胃液分泌。有的医书说，可用它来治消化不良；可以通便，解毒，利尿和调经;有的则认为它可以通气，醒脑。且保存数年不变质。

我从古晋购回十多个胡椒碾粉瓶器和一些胡椒赠与亲戚朋友，他们个个笑逐颜开，觉得那是极好的纪念品，并视胡椒为珍珠，因为那些胡椒质量好，来自胡椒之乡——马来西亚沙捞越。

我们的生活不能没有胡椒。有了胡椒我们的生活得到了调剂，头脑清醒，精神振奋，况且胡椒可以防腐化，真是佳品。

其他纪念品很多，如土著人的木雕工艺品很受青睐。

琳琅满目的马来西亚特产

逛星期日农贸市场

在西马来西亚逛农贸市场，很容易。那里人口密集，商业发达。几乎天天有“农贸市场”，星期日的农贸市场更加热闹罢了。

吉隆坡巴鲁新村(Kampung Bahru)的周日市场，从周六的夜晚开始一直持续至次日早晨。市场上出售马来特产，摊上除了摆放土耳其毡帽、祈祷书籍、伊斯兰书法作品外，还有各种各样的巴迪、吉兰丹银器以及丁加奴的精美刺绣品。食品摊上除了沙嗲外，还有马来西亚小食。从椰子汁饭到辛辣的地方小吃。当然咖喱食品更容易找到。

吉隆坡孟沙区的 Jalan Telawi 及 Jalan Telawi 的市集马路，每逢星期日午后，销售各式商品的小摊陆续聚集于此。日用品包罗万象,琳琅满目,热闹非凡。

在东马来西亚地广人稀，星期日的农贸市场定期举行。那里的农贸市场，值得一顾。在星期日的农贸市场里，我

星期日农贸市场

领略了那里的风情。

有一次我游览斯里阿曼市区的星期日露天市集。斯里阿曼是不同族群聚集的地方。多元民族和睦相处的图景在斯里阿曼处处可见。市场繁华，熙熙攘攘。农贸市场里的水果品种繁多。榴莲、山竹、芒果、椰子、香蕉、菠萝、菠萝蜜、红毛丹、木瓜、杨桃、番石榴、橘子、柚子、蛇皮果、莲雾、柠檬、槟榔、西瓜等，应有尽有。土著族朋友热情让我品尝。在市场里我看到爱文身的伊班人，有的样子威武、骠悍，有的伊班妇女喉部也刺花。伊班人在市集上出卖土产和山上采摘的野菜和果子，还有伊班妇女编织的挂毯，手工精细，图案优美，颜色绚丽，看起来具有鲜明的民族特色。有的还出卖自己编织的藤器和竹器，出卖自产的白米、黑米和红米，马来人则出卖五颜六色的马来糕饼、椰浆饭等。华人出卖各种各样的日用品、水果和蔬菜等。

斯里阿曼可谓稻米之乡，红米、黑米是那里的特产，稻米是达雅人主要食粮。在那里人少地多，他们种稻还保留着传统的种植方式，稻田多在山坡上，种稻时通常由一排男人在前面用木桩在地上打下成排的小洞，一群妇女腰系藤篓，装着谷种跟在后面把谷种撒在小洞里，再用松泥掩盖起来。他们种的旱稻，保持着原始耕种方式，但由于那里得天独厚，风调雨顺，青葱的稻苗满山遍野，到了翌年春天谷子成熟，一片金黄。收获的季节开始了，男女老少采摘谷串，享受丰收的喜悦。

在斯里阿曼，我看到多情的山水草木，见到热情好客的土著族群，感受他们的淳朴和热情，让我高兴万分。

左右手严格的礼仪分工

握手是一项很重要的礼节，在马来西亚，握手可以说是目前最为常用的一种见面礼了，男女两性都能接受。握手时目光一定要直视对方，面带微笑，神情亲切，友好。长辈、身份较高者、女士、主人等通常先伸手。不过随着时代的变化，无论男女长幼先伸手者众多。不过在那里,穆斯林女士通常不与男士握手，而是点头，脸上带笑容向男士表示致意。只有她主动向你伸手时，才握手。该出手才出手，该出手时，不与对方握手，也是不礼貌之举。

在马来西亚见面时传统的致意方式近似通常的握手。你伸出双手，轻轻碰对方伸出的双手，并接着将双手放在胸前，表示“我真心祝福你”。

他们忌讳用左手同人握手，也忌讳用左手接物和递送东西，认为左手是卑贱和不洁净的，使用左手是对人的极大不敬。在马来西亚，马来人上卫生间，通常用左手及自来水洁身，也许这就是他们认为左手最脏的原因。

忌用食指指人、物体或方向，以右手的拇指与其他四指合并于掌心的指法，才是礼貌之举。

用右手抓饭。他们用餐习俗独特，用右手抓饭进食，只有在高级餐馆和西式的宴会上，马来人才用刀叉和汤匙。

送礼或收礼皆用右手。左右手有着严格的礼仪分工。

艳丽的国服和民族服饰

马来西亚天气炎热，一年皆是夏。那里人们服饰艳丽多彩。不同民族服饰习俗有别，尤其土著族群的服饰引人注目。

马来人信奉伊斯兰教，人们严格按照宗教习俗着衣。男女服饰五彩缤纷。马来人传统的服饰，称礼服。正式场合和隆重节日均着礼服。目前较流行的服饰是“巴迪”（蜡染）。男子穿的“巴迪”被誉为马来西亚国服，“巴迪”设计优美，图案繁多，款式别致，有的编织手法相当细腻，“巴迪”为长袖上衣，图案讲究对称，图案花纹不对称者不算真正的“巴迪”，“巴迪”有的是由蜡染布制成，有的则由丝绸作原料，质地不同，但大多宽而大，薄而凉爽。“巴迪”有长袖、短袖之分，出席晚宴者穿着长袖“巴迪”。传统的马来妇女服饰分上衣和纱笼（筒裙），衣宽如袍，袖长，衣身长过臀部，纱笼十分宽大，通常长达足踝。马来妇女穿着传统服装时，头上披着一条薄薄艳丽的纱巾，纱巾垂挂至肩膀或胸前。她们的服饰习俗忌讳袒胸露臂。马来族服饰造型、设计特点具有浓厚的民族情调。

土著族群礼服十分绚丽，身上饰物多，显示他们传统的文化和艺术价值。他们穿着民族服饰。伊班族男子披着艳丽的围巾，穿着威武的兽袍，戴上高贵的羽冠，佩带着祖传的宝刀，显得威武骠悍。他们豪迈的舞步，跳越旋转，刚健雄伟。平时男子下身裹上一条质地好、花纹美的遮布，上身赤裸。伊班族女子打扮得花枝招展，穿着传统的短裙，束上银质的腰带，缀上银币做成的装饰，走动时银币互相撞击，发出清脆的叮当响声。比达友族男女喜欢穿着红边的黑色上衣和长裤。男子上身套着用树皮制成的外套，颈上挂着一大串山猪牙、狗熊爪等。加央和肯雅族为内陆民族，他们常常穿着盛装，头戴着特制的帽子，双手背上扎着美丽的犀鸟羽毛。他们艳丽的服饰和自

艳丽的民族服饰

然舒展的优美舞姿，可以与霓裳羽衣舞媲美。肯雅族少女喜爱佩戴锤状铜耳环，耳环有环状和锤状两种，她们自幼戴着沉重的耳环，耳朵被拉得长长的，有的耳朵垂至胸部，并以此为美，显得自然优雅。加拉毕少女全身穿戴着用珠子串成的五颜六色的饰物，珠光绚丽，光彩夺目。肯雅族男子喜欢文身，也戴耳环，有的则在耳朵上端穿孔，佩戴兽牙或鸟喙之类，借此显示他们的英雄业绩。

忌讳种种

马来西亚是多元民族社会，饮食、姓名称呼以及其他日常生活等方面有着种种忌讳。他们把习俗、礼俗视为神圣不可侵犯的财富，并加以维护和崇敬。入境问禁，入邦随俗，对旅游者十分重要。

饮食文化因民族而异，是多元民族社会的缩影。按照伊斯兰习俗，马来人禁忌的动物是猪，他们不但忌食猪肉，也忌讳谈猪肉。马来人也禁酒，用餐时不以酒招待客人。饮食采用清真食品，诸如用糯米加椰浆制成的马来粽子、榴莲饭、咖喱牛肉、咖喱鸡腿、沙嗲羊肉串……他们用餐习俗独特，用右手抓饭进食，只有在高级餐馆和西式的宴会上，马来人才用刀叉和年日汤匙。在马来人的宴席上，在摆放的各种食品和菜肴之间，也放着几碗清水，那是专供洗手用的。即使客人在用餐前已洗过手，在用手取食物前，出于礼貌也可把手在水碗中沾湿，以示尊重主人的安排。

土著族群饮食习俗不同，他们不忌食猪肉，也不忌讳饮酒。菜肴有竹筒饭、烤猪排、烤鱼……别有风味，感觉很新鲜。华人开的饭馆很多，菜肴各有持色，中国有名菜系饭菜，在马来西亚各地都能找到。

马来西亚人大多信奉伊斯兰教，少部分人信奉佛教、基督教、天主教和印度教。马来人不但忌讳吃猪肉和狗肉，也不吃自死的动物肉和血，他们还忌讳使用猪制品。他们忌讳食用没有经过阿訇念经而宰杀的鸡、牛、羊肉。没有经过阿訇念经而宰杀的鸡、牛、羊肉，禁止在市场出售。马来西亚人恪守宗教的教规，会宾宴客从不备用酒，而是以茶或其他饮料来代酒干杯。马来人认为，客人若在做客时不吃不喝，是对主人的不尊敬，并因此会引起主人的反感的。拿着食物在公共场合吃，是不文明之举。

他们的头部、背部是被视为神圣不可侵犯的，若有他人触摸他们的头部或拍打后背等，被视为不文明之举，甚至会引起主人不悦。忌讳双腿分开坐和翘着“二郎腿”，认为这是不礼貌的。马来跷西亚人忌讳乌龟。认为这是一种不吉祥和不洁之动物，会给人带来厄运的瘟疫，令人生厌。

在马来西亚乡村房屋中，在门口楼梯尽头，总是放着一盆水，这是为了进屋之前洗脚准备的。客人应按其习俗洗脚后才进屋，穿鞋进屋为非礼之举。

姓名称呼独特。马来人没有固定的姓，通常只有本人的名字，儿子以父亲的名字作为姓，父亲则以祖父的名字为姓。所以一家几代人都有不同姓。通常名在前，姓在后。男的在名与姓之间有一个“宾”，女的则用“宾蒂”表示。称呼马来人的名字要准确，忌讳把他的名字与姓弄错。

参观清真寺、国家公园和长屋须知

马来西亚是一个穆斯林国家，回教堂处处都有。在祈祷以外的时间可以参观回教堂，参观时，要求衣冠整齐。不得穿短裤或裙子。入堂前需脱鞋，女士穿着不可暴露手臂和双脚。如有时遇到他们祈祷时，则不得从正式祷告的回教徒面前经过，不得碰触古兰经。未经许可，不得拍照。

参观国家公园，不得擅自闯入；不得伤害、捕捉、毒害和杀害动物；不得采摘植物，也不得引进一些动物或植物进入公园。不许破坏公园的建筑物，更不得乱扔垃圾。不许把犀鸟头冠和灯笼草带出境，违犯者最少罚款1000马币和监禁6个月。

参观土著人的长屋时，你会看他们在屋顶上悬挂一串串人头颅骨。昔日达雅族有猎取人头的习俗，达雅武士猎得人头越多越是英雄，受人尊敬。应邀参观布诺长屋的祭祖之堂时，在那里我看到一串串人头颅骨，那是他们引以为荣的纪念品，胜利品。按照过去的习俗，男子必须先猎取一个人头才有资格娶妻，才能赢得少女的芳心。猎人头的习俗今天被政府禁止了。这种习俗已不复存在。但他们的传统习俗尚存，应该得到尊重。参观者必须了解头颅骨的象征，不宜作出不当的议论。

库巴国家公园

槟榔叶的奇用知多少

在马来西亚津津有味嚼槟榔者时而可见，在都市的街头巷尾的小摊上卖槟榔的也不少。人们买一块裹有蒌叶和贝壳灰的槟榔送入口内，不吞下，边走边嚼，不停地咀嚼，越嚼越有味道，使人感到又甜又香。男女喜欢咀嚼槟榔者众多。在会客室里用槟榔叶、槟榔果待客者也有。

槟榔果呈椭圆形，小指大小，小小的槟榔，看起来是一枚柔柔弱弱的绿果，但入口却使人感觉其浓烈如酒。食用时人们将它切成片裹上蒌叶和贝壳灰粉三样同时放入口中嚼，味微涩带点甜和辣，有微量阵阵刺激感，使人发热兴奋，经与唾液混合立刻变成血红色汁液。槟榔叶有提神兴奋作用，也能助消化驱肠虫。

马来人对槟榔叶的感情，可以说是"与生俱来"。马来族的妇女，在怀孕7个月后，便不时送一束槟榔叶给接生婆，作为怀孕者在她分娩时请求帮忙的"定金"。男少年进行"割礼"，接受手术时咀嚼槟榔叶来减轻痛苦。槟榔叶具有轻微的麻醉作用。

青年男女相爱少不了槟榔叶。传说求婚仪式中槟榔叶起着举足轻重的作用。男青年捧着一个槟榔叶扎成的彩环到女方家拜访，女方有意结成良缘，就会收下彩环。否则，女方推倒彩环，男方得知趣告退。

青年男女相爱少不了槟榔叶

举行婚礼时，槟榔叶盆子放在新郎新娘面前，象征永结同心，百年偕老。长辈来祝贺婚礼时，则给一对新人槟榔叶咀嚼。祝他们对爱情的真诚忠贞，祝愿新婚夫妇白头到老。

到了扫墓时，人们也往往在墓地上献上一个槟榔叶圈，以寄托哀思。在那里，人的一辈子离不开槟榔叶。人从出生到离开世界，槟榔叶成为吉祥之物。槟榔叶妙用知多少。

投我宝剑报之硬币

赠礼习俗

2003年11月沙捞越州元首敦·沙拉胡丁（前排左五）向作者授予PBS荣誉勋章后，在州元首府前与到访的中国访问团全体成员合影。

睦邻贵相知，中国朋友造访马来西亚，得到主人的热情接待。上至中国最高领导人，下至一般旅游者，马来西亚朋友都把你当尊贵的客人。

中国领导人访问马来西亚，马来西亚最高元首当面赠送中国国家主席一把宝剑。按照马来西亚习惯，中国国家主席当即回赠一枚当地硬币，表示善意和友好。意思是说，我是用钱买你的宝剑，我接受你的宝剑没有什么阴谋，不会用它来做坏事。其他中国领导人或重要代表团访问马来西亚，马来西亚朋友也曾赠送一把宝剑，表示热情、友好。

马来人传统的服饰，称礼服。正式场合和隆重节日均着礼服。较流行的服饰是“巴迪”（蜡染）。男子穿的巴迪衣被誉为马来西亚国服，“巴迪”宽而大，薄而凉爽。出席晚宴者穿着长袖“巴迪”。中国客人一抵达马来西亚，主人热情赠送你一件“巴迪”。朋友盛情难却，高兴地穿上“巴迪”，与主人一起共享乐趣，也表示对主人的尊重。

如逢节日，当地华人朋友送你一个礼篮，或者果篮。有时礼篮中还含有一瓶XO或是一瓶威士忌。礼尚往来，你得表示谢意，并回赠。在旅途中，当地朋友赠送你一件纪念品，物轻意重，也必须表示谢意。

“饮胜”声一浪高过一浪

欢聚短暂 友谊长久

马来西亚是一个多元民族的国家，对于信奉伊斯兰教者，他们是忌讳酒类的。对于华人来说，有朋自远方来，聚首言欢，盛宴加美酒，似乎谁也不例外。他们饮啤酒者很普遍，在那里酒类的价格十分昂贵。他们饮一大杯啤酒，相当于京人饮一箱啤酒之消费。尽管如此，热情好客的主人常邀请朋友饮啤酒，也显示主人一份热情好客的浓浓情意。

华人朋友举行的宴会,少不了“饮胜”。“饮胜”就是干杯之意，据说来自中国广州方言，时下已几乎成为马来西亚华人敬酒的专用语。主持宴会或是司仪者常常领头为大家旅游成功，为各位身体健康干杯。“饮胜”之声此起彼落,声势浩大,令人难忘。“饮胜”之声拉得越长、越洪亮,越显示他们的兴奋和豪情。

热情好客的马来西亚人民

“饮胜”就像马来西亚诗人吴岸在“饮酒赋”一诗中的抒情那样：“今夜我为你饮下一个大海 / 看群星升起在眼角 / 晚潮浅拍着太阳穴 / 桅樯晃荡了 / 风帆满了 / 我们启航 / 自这小小的 / 白巾餐桌……来! 再拿一瓶来 / 这船儿怎么抖荡得厉害 / 这大海要翻覆过来吗 / 来! 再来一杯 / 饮……胜!”饮下一个大海，斗酒相逢须醉倒。朋友情深，同怀共饮，酒如水，酒似静，酒含火，烈酒火气更盛。“饮胜”之效应在一个“醉”字，使人进入灵魂与肉体若即若离的境界。

“饮胜”是饮酒之高潮。“饮胜”就像北京人的敬酒一样。在那里，就像在北京一样，在餐桌上所说的敬酒令也不绝于耳。用多种战术，让你“饮胜”。

中国人出席马来西亚朋友的宴席常常遇到“饮胜”之挑战，盛情难却，也得上阵。但要量力而行，或者以茶代酒，主人不强你所难。

“饮胜”是华人一种敬酒礼节。“饮胜”少许，友情依然。

Tips

马来西亚勋衔制

在马来西亚，一个人被封勋衔是一件特别光荣的事情，称其勋衔表示对其尊敬，更符合当地习惯。入邦随俗，当然比称其先生和太太，亲切得多，分量要重得多。比如，我的一个马来西亚朋友前些年被州元首授予拿督衔 (Dato)，那么对他的正确的尊称应为拿督 ×××，当然他的夫人就理所当然尊称为拿汀 (Datin) 了。

马来西亚的封勋衔制度始于 1958 年。联邦封勋衔制度类似欧洲的爵位制度，但要比欧洲的爵位制度复杂得多。马来西亚各州也有相对独立的封勋衔制度。

联邦勋衔制大约分为 28 个等级。其中最常见，最为人们所熟悉的有敦、丹斯里、潘斯里、太平局绅、拿督、拿汀等。敦是最高一级勋衔，其次有丹斯里、拿督斯里、拿督等等。如丈夫为“敦”(Tun),夫人应为“托篷”(Topuan);丈夫为“丹斯里”,其夫人应为“潘斯里”。

联邦勋衔通常由总理署提名，内阁通过，然后每年由国家元首华诞时颁赐，用以表彰对国家做出重大贡献的国民以及外国人。各州的世袭苏丹或州元首也每年一次向当地做出贡献的各界人士或外国人封勋衔，其中包括“丹斯里”、“拿督”、“太平局绅”等数十种不同称号勋衔。例如，沙捞越州设置十多种有功勋衔外，还有约十种有功勋章。如：犀鸟之乡特级和高级公职有功勋章、犀鸟之乡服务辉煌、尽忠、优越等不同级勋章。

在日常交往中初次见面，马来西亚人习惯交换名片，在其名片上大多注明其勋衔。当你接过名片，看其勋衔，如何正确称呼对方，就一目了然。

Tips

马来西亚购物之旅

马来西亚三大购物天堂

吉隆坡

马来西亚联邦的首都，位于马来半岛西海岸的正中央。在这里聚集了众多繁华的购物中心，例如市中心的The Mall 广场，埃及式商场外观的Sunway Pyramid，提供上班族轻便服饰的The Gardens Mall，吉隆坡商场之最的Suria Klcc，最佳复合式购物商场的金河商场，马来西亚最大的商城谷中城，吉隆坡黄金地段上的星光大道——武吉免登路，热闹繁忙的购物街东姑阿都拉曼路，茨厂街，Bandar 路，安邦路，敦拉萨路，以及出售民族风情的服饰，家居用品等纪念品的巴迪，还有许多免税商店。

兰卡威

兰卡威是是一个免税的购物天堂，为旅游人士提供各式各样的本地和进口货品。岛上大部分的购物中心和店铺均集中在瓜埠及其周围，其中规模最大的是兰卡威购物中心(Langkawi Fair Shopping Mall)，这设计时尚的两层建筑内共有100家零售店铺。当中的旗视正是Samudra免税百货公司(Samudra Duty Free Department Store)。货品齐备、种类繁多。

在兰卡威购物选择极多，尤以各种纪念品最受欢迎。游客只要在岛上逗留超过48小时，便可免税携带一瓶酒和一盒烟回马来西亚半岛。

雪兰莪州

有现代化及富丽堂皇的购物中心

提供多样化的商品给顾客选择。

例如每年都吸引百万旅客，拥有超过600个购物或娱乐商店，与One World Hotel五星级旅馆比邻的1 Utama；以具备开放空间的商城而闻名，拥有270间接连成串的各类食品与饮料商店，不少坐落于开放空间旁，每到周末更举办跳蚤市场，众多丰富的小摆饰与有趣商品的The Curve；世界著名的大型家具卖场，总是提供种类繁多与优惠的商品让顾客选择，满足自家或商用家具的装潢摆饰需求的Ikea宜家等。

另外，它也有许多传统的小商店及夜市场，提供价廉物美的货品。

马来西亚海滨之旅

第一站：刁曼岛

刁曼岛以其珊瑚礁和丰富的海洋生态而闻名，在Salang海滩，您可以潜泳到真正的珊瑚园，这里拥有各色Sea Fans和海葵，以及许多美丽的Damsel鱼和Cardinal鱼。Pulau Tulai和Pulau Renggis岛屿附近的浅滩礁石也很适合进行浅滩潜泳以及深海潜水。Pulau Chebeh拥有海底洞穴；无人居住的Pulau Sepoi和Pulau Labas两个岛屿也拥有美丽的礁石。从刁曼岛启程搭船前去只须1小时即可抵达。

住宿餐饮：刁曼岛上拥有各种各样住宿选择，包括五星级的度假村，旅舍，长屋以及A形茅屋。在坐落于岛屿西岸，拥有376个房间的Berjaya Tioman Beach Resort，旅客可以乘坐玻璃船底的船只，观赏美丽的海底世界。

交通方式：搭乘航空是前往刁曼岛最简易的方式。彩虹航空每日都有固定航班从吉隆坡起飞。从吉隆坡飞抵刁曼岛只须1小时。

第二站：热浪岛海洋公园

沿着丁加奴海岸线外绵延45公里长散布在南中国海上的热浪岛，以及附近其他岛屿在1991年被正式宣布为海洋公园。这些岛屿周围附近的海域拥有各种各样引人入胜的海洋生态，共有5个著名的潜水区，没有遭受人为破坏的珊瑚礁结构非常壮观，在海床发现的 Sea Cucumbers 数量也非常惊人。

住宿餐饮：热浪岛上也拥有各种住宿设施供前来度假的游客选择。岛上最主要的旅店是拥有 100 个房间的 Berjaya Redang Golf And Spa 度假村以及拥有 152 个房间的 Berjaya Redang 沙滩度假村。

交通方式：从吉隆坡坐马来西亚国内航班到丁加奴市，再转出租车过去即可。

第三站：停泊岛

停泊岛位于马来西亚东海岸，由大小两个岛屿组成，属较不为人知的好去处。马来政府现已把停泊岛以及周边的海域划归为海洋生态保护区，它保持着淳朴的民风和原始的风貌。

住宿餐饮：停泊岛有每晚只需 20 马币的家庭式旅馆和每晚 500 马币的豪华度假村。岛上餐厅大多是马来和泰国风味的菜肴。岛上的珊瑚湾和长滩都是旅行者云集的地方，据说前者是岛上最安静的地方，而后者的夜生活更丰富。

交通方式：从丁加奴市坐出租车或公交 1 小时到 Kuala Besut，再由 Kuala Besut 码头坐快艇 1.5 个小时到停泊岛。岛上有多个海滩，快艇可停靠在您指定的海滩。

马来西亚节日之旅

一月之旅

1，地点：兰卡威

节日名称：兰卡威皇家国际帆船邀请赛

时间：1 月 4 日至 1 月 10 日

节日概况：兰卡威国际帆船邀请赛，邀请来自亚洲各地的专业参赛好手，在拥有清澈湛蓝、绵密白净沙滩的海滨度假胜地，数十艘帆船于海上乘

风破浪、厮杀较劲，精彩刺激。

2，地点：全马

节日名称：华人中国农历新年

时间：1月26日至1月27日

节日概况：马来西亚有三分之一以上华人，中国农历新年更是马来西亚当地一大重要盛事，历经马来及印度文化的洗礼，大马传统中国新年更添浓浓的马来味。传统习俗仍深植当地华人心中，如家人团圆吃年夜饭、长辈发放压岁钱、舞龙舞狮等庆典，春节不妨安排一趟马来行，亲身感受充满南洋风情的中国年。

3，地点：马六甲

节日名称：马六甲点灯庆典

时间：1月10日至2月22日

节日概况：入夜后的机场街(Jonker Walk)在多彩的灯笼妆点下，蜕变成一片迷人的璀璨灯海，万人齐声倒数，共同欢庆精彩绝伦点灯秀。活动现场并安排深具人文特色的精彩表演节目，令人目不暇给。

二月之旅

1，地点：马六甲

节日名称：马六甲点灯庆典

时间：1月10日至2月22日

节日概况：入夜后的机场街(Jonker Walk)在多彩的灯笼妆点下，蜕变成一片迷人的璀璨灯海，万人齐声倒数，共同欢庆精采绝伦点灯秀。活动现场并安排深具人文特色的精采表演节目，令人目不暇给。

2，地点：雪兰莪州

节日名称：大宝森节

时间：2月8日

节日概况：在这天，数以百万虔诚的

信徒们将齐聚一堂，不惧艰辛地登上272阶的黑风洞(Batu Caves)，进行盛大的习俗仪式。其中信众身上负载的卡瓦第(Kavadis)最引人注目，Kavadis是经过华丽装饰的骨架，由铁钩、尖叉组成，用来刺入皮肤、脸颊及舌头，借以表达赎罪或还愿，其宗教意涵类似台湾的乩童，被神明“借用”为传达天意、与凡人沟通的工具的神秘宗教力量。

三月之旅

地点：吉隆坡

节日名称：多彩多姿缤纷大马

时间：3月21日

节日概况：“多彩多姿——缤纷大马”是马来西亚全国性的庆典，通过缤纷炫丽的嘉年华游行，精致的艺术展览，和令人食指大动的各式美食佳肴，让您在一次的旅程中，充分感受大马丰富的人文风貌与独特的民族活力。

五月之旅

1，地点：全马

节日名称：马来西亚卫赛节 Wesak

时间：5月9日

节日概况：卫赛节(Wesak Day)是佛教界中的年度大事，象征佛陀的出生、启蒙，与涅槃。这一天，大马各地虔诚的信徒们会聚集在全国大大小小的寺庙中奉上鲜花与上香，并有经文吟诵、祈祷仪式等习俗活动；入夜后，各城市更有一系列盛大的庆祝活动。

2，地点：吉隆坡独立广场

节日名称：马来西亚花车大游行

时间：5月30日

节日概况：马来西亚花车大游行是马来西亚花神祭的压轴演出，将成千上万的花朵编织成一幅幅美丽的画面，并搭配不同动画等声光效果，让旅客尽情徜徉南岛的芬芳花浴之中！

六月之旅

1，地点：霹雳（福隆山）
节日名称：珍草异兽嘉年华
时间：6月1日至6月30日
节日概况：霹雳州内有全国首座湖滨公园与动物园，其中太平湖滨公园，是马国境内最美轮美奂的公园之一，园内可见各式各样的花卉植物及动物，规划完善，是全家大小假日的最佳去处。

2，地点：太子城、肯逸湖等
节日名称：雨林漆弹嘉年华
时间：6月1日至6月30日
节日概况：漆弹游戏是最让人呼吸急促、刺激好玩的户外运动之一。

3，地点：吉隆坡
节日名称：吉隆坡美食节
时间:6月12日至6月14日
节日概况：6月是马来西亚最美味的时节，为了推广各地风味美食，吉隆坡在此节日期间推出一系列的美食，从扎实口感的路边道地小吃、独特的异国风味美馔，到奢华的餐厅佳肴，提供旅客多元的选择，另外还有精彩的文化艺术表演与演唱会。

七八月之旅

1，地点：古晋（沙捞越）
节日名称：沙捞越世界热带雨林音乐节
时间：7月10日至7月12日
节日概况：每年于沙捞越文化村举办，邀请世界各地，跨越五大洲及本土音乐家共谱天籁乐章，献上惊艳绝伦的

音乐飨宴。

2，地点：吉隆坡星光大道

节日名称：阿拉伯街头艺术节

时间：7月10日至8月8日

节日概况：每年都吸引成千上万人共襄盛举的阿拉伯街头艺术节，于吉隆坡星光大道 (Bukit Bintang) 热情展开，将邀请海内外歌手连袂演出精彩节目、另外还有吉隆坡 Samrah 嘉年华、Ziryab、肚皮歌舞秀等，看现场街头艺人轮番上阵，给你不间断的精彩演出。

3，地点：全马

节日名称：马来西亚国庆日

时间：8月1日至8月31日

节日概况：马来西亚国庆日是举国欢腾的盛大庆典，现场将会有壮丽的大游行、目炫神迷的烟火秀、文化艺术展览和多元文化的民俗表演，如马来人和印度人的传统歌舞，华人的舞龙舞狮，定会让旅客大饱眼福。

4，地点：全马

节日名称：回教斋戒月

时间：8月22日至9月19日

节日概况：信徒们在这整个月中从日出至日落必须禁食，不吃东西不喝水，并聚集祷告以示虔诚。时至日落后的开斋时刻，可见餐馆涌入大批要享用第一餐的回教徒们，各个餐馆也配合延长营业期间至凌晨，旅客可在这段期间一睹入夜后餐馆人气爆满的特殊景观！

九月之旅

1，地点：全马

节日名称：开斋节（马来西亚新年）

时间：9月20日至9月21日

节日概况：开斋节不仅是年度最盛大的节日，也是回教徒举家欢腾的节日，有如华人的农历新年及西方社会的圣诞节。开斋仪式将于吉隆坡的主要干道——东姑阿都拉曼路 (Jalan Tunku Abdul Rahman) 宣布开始，当天美食市集将沿着街道林立，旅客可一窥吉隆坡的著名开斋餐——鸡牛鱼蔬菜大会串——杂锦粥 (Bubur Lambuk) 的料理过程。接下来，回教同胞会齐聚清真寺参加晨祷，并拜访许久未见的亲友，送上贺年佳礼，享受年节食物，家家户户张灯结彩，热闹非凡！

十月之旅

1，地点：槟城植物园

节日名称：槟城世界音乐节

时间：10月2日至10月4日

节日概况：活动将邀请海内外知名歌手共同为音乐发声。

2，地点：全马

节日名称：屠妖节

时间：10月17日

节日概况：屠妖节是知名印度教庆典，象征"以光明驱走黑暗，以善良战胜邪恶"，为庆祝屠妖节的到来，马来西亚街上随处可见跳着传统舞蹈、播放印度音乐的人们，是感受浓浓印度文化飘香的特别时刻。

3，地点：沙巴神山

节日名称：马来西亚沙巴神山登山比赛

时间：10月24日至10月25日

节日概况：海拔4095米的神山，有东南亚第一高峰之美名，途中景色从低地森林，一路延伸至辽阔的高海拔草原，总长21公里，其中8公里因超过千米的急速高度变化，而被列入最颠簸的全球山地竞速比赛之一，加上山间令人醉心的自然景观变化与多元的生态环境，每年的登山比赛吸引来自世界各方的登山客造访。

十一、十二月之旅

1，地点：全马

节日名称：哈芝节

时间：11月27日至11月28日

节日概况：哈芝节(Hari Raya Haji)为回教徒一年一度盛大的宗教节日之一。在哈芝节当天，回教徒一早会到回教

堂做全天祷告，上午祷告进行告一段落，会举行仪式屠宰羊只，把肉分给信众与贫人。此外，回教徒会开放门户欢迎到访的亲朋好友，并采取俭朴虔诚的方式来度过哈芝节。

2，地点：全马

节日名称：马来西亚年终特卖会

时间：11月29日至12月20日

节日概况：马来西亚年终特卖会力拼景气寒冬，集结了各大购物中心，餐厅业者、服饰配件、家具家饰、休闲礼品以及美食小吃等大打折扣，推出了一系列千载难逢的优惠特卖活动，并搭配旅行社及航空公司之套装行程。

3，地点：全马

节日名称：圣诞节

时间：12月25日

节日概况：马来西亚圣诞节期间，与各大购物中心与饭店餐饮业者合作，会推出一系列加惠观光客的超值折扣与庆祝活动。

马来西亚美食之旅

到马来西亚最大的好处就是，明明只停留在一个国家，却可同时吃到马来、中华、印度等国美食，这都不是为观光而设立的样板餐厅，而是真正地道的料理。

这些美食都可在吉隆坡品尝到，吉隆坡市区被誉为马来西亚最具代表性的美食圣地。

例如位于市中心巴生河畔的一个中央市场二楼，里面汇聚了各国小吃，有马来小吃，印度饭馆，泰国小吃，中国菜酒楼等。

还有吉隆坡华夜市，一到傍晚，无论广场上还是内街以及人行道上，

都摆开方桌，有叫卖马来沙嗲，煎薄馅饼，油炸薯片，有兜售印度咖喱饭，新加坡炒饭，有推销美国肯德基炸鸡，德国汉堡，还有叫卖潮州早条，上海春卷，福建炒饭，海南鸡饭……叫卖声一阵接一阵。

吉隆坡华人街也是个不错的去处，那有出名的中华传统料理以及客家菜。

马来美食：阿三拉沙，Sago Melaka（一种冷冻甜食），牛尾汤，酸菜鸭汤，Soto Ayam（鸡肉汤，伴以饭团和蔬菜），柔佛沙拉，沙嗲，Nasi Padang（一种饭食），巴登牛肉干咖喱，甲必丹咖喱鸡，椰汁香辣虾，三峇羊角豆，甲必丹鱼咖喱，爪哇面，椰浆饭，三巴辣椒酱，叻沙等

华人美食：海南鸡饭，云吞面，瓦煲饭，牛肉面，烤鸡翅，胡椒猪肚汤等。

印度美食：Nasi Kandar（一种饭食），Nasi Briyani（一种饭食），印度炒面，印度煎饼，咖喱沙拉，拉茶，啰惹（小吃）等。

娘惹美食：Cendol（刨冰），Enche Kabin（炸鸡肉），暹罗米粉，香辣烤鱼饼等。

葡萄牙美食：恶魔咖喱，黄瓜与凤梨沙拉，Karing Karing F Fretu（银丝鱼炒制而成的小吃）等。

当地水果及特产：香蕉，杨桃，包丰，人心果，榴莲，番石榴，椰色果和杜古果，芒果，山竹，红毛丹，柚子，豆蔻（调味香料，也有药用价值），胡椒粒（调味香料）等。

马来传统草药：东革阿里（马来西亚人参）等。

槟城,邦咯岛,吉隆坡6日4晚乐享游

Day 1 吉隆坡

搭乘国际航班飞往具有多元种族、宗教、文化的马来西亚首都吉隆坡。

抵达后，专车送至酒店办理入住手续。

Day 2 吉隆坡–槟城

早餐后游览拥有百余年历史的马哈迪故居，随后前往参观土产专卖店，后参观马来西亚最有名气的大马锡工厂。

午餐后，驱车前往机场候机，搭乘内陆航班前往有“马来西亚的东方之珠”美誉的槟城。抵达后专车前往参观康华丽斯古堡（外观）世界第三大的泰式卧佛寺、缅甸佛寺，以及世界唯一的蛇庙清水岩寺。

后参加槟城夜游：人力三轮车夜游＋当地美食磨磨喳喳或红豆冰沙＋晚餐。

晚餐后回酒店休息。

Day 3 槟城–龙目码头–邦咯岛

早餐后驱车前往龙目码头，抵达后享用午餐。

后搭乘快艇前往世外桃源——邦咯岛，入住邦咯岛海滨度假村后自由活动。您可享受用饭店的休闲设施，或伴着夕阳漫步于绵绵沙滩之上，享受柔美浪漫的异域南洋情调。

Day 4　邦咯岛

全天自由活动。早餐后，享受一个完全自我的空间吧！您可自费享受酒店的各类服务设施，并享受一个慵懒又惬意的私人空间；或参加自费活动。

自费项目：邦咯岛出海游RMB580元/人(BBQ烧烤午餐+环岛游+浮潜+垂钓+酒店自助晚餐。

Day 5　邦咯岛–龙目码头–吉隆坡

早餐后办理退房手续搭乘快艇返回，沿途享用午餐。

抵达吉隆坡后，参观国家皇宫(外观)、独立广场、高等法院(外观)，随后前往珠宝店和咖啡城，在这里您可以品尝地道的马来西亚不同口味的白咖啡，随后前往马来西亚标志性建筑、世界最高的双塔建筑石油双峰塔KLCC。而位于其间的精品店及购物中心更是血拼的最佳选择！

华灯初上时分您更可以自行漫步于星光大道，享受吉隆坡浪漫旖旎的夜色。

指定时间集合专车送至吉隆坡机场办理手续。

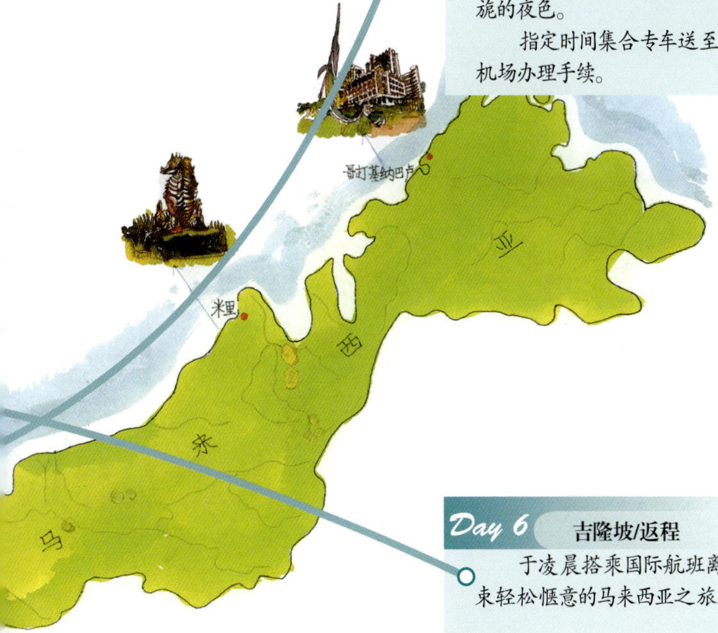

Day 6　吉隆坡/返程

于凌晨搭乘国际航班离开，结束轻松惬意的马来西亚之旅。

吴蓉蓉绘图

以上线路由：
上海春秋国际旅行社提供
电话：400-820-6222(24小时)
地址：上海市定西路1558号
网址：http:// www.china-sss.com/

马来西亚馆：感受原味的亚洲风情

展馆主题	和谐城市生活，融洽马来西亚
地理位置	世博园区 B 片区
名家设计	华南理工大学建筑设计研究院
设计理念	马来西亚传统建筑——斜坡屋脊
国家馆日	9月12日

场馆透视

马来西亚馆采用可循环利用的油棕、塑胶等材料建筑而成，重点展现马来西亚的独特风情和团结的民族精神。展馆的设计灵感源自马来西亚传统建筑——长屋。整个展馆由两个高高翘起的坡状屋顶组成，犹如一艘远航而来的“木船”；屋顶尖端的交叉构架是马来西亚本土建筑的特有符号；观光电梯被设计成吉隆坡“双塔”摩天楼形状。参观者不仅可以领略马来西亚槟城、马六甲等世界文化遗产的魅力，体验普通马来西亚家庭的乐生活，还能欣赏到特色艺术品及其制作过程。

参观马来西亚馆的游客不仅会看到丰富的展览内容，而且还能够欣赏、体验到多姿多彩的文化演艺活动。作为马来西亚传统文化的杰出代表，被联合国教科文组织 2008 年 7 月列为世界文化遗产的历史名城马六甲和槟城将是展馆表现重点内容。此外，由全国 47 个民族的文化元素构成的民族歌舞表演，将是马来西亚馆文化活动的主题内容。根据计划，在 184 天的世博会会期里，马来西亚馆内一个可容纳 100 名观众的小剧场，每天都会表演两场民族歌舞。

EXPO吸引力

在马来西亚馆内，参观者不仅可以领略马来西亚槟城、马六甲等世界文化遗产的魅力，还将体验马来西亚特色艺术品及其制作过程等。同时，电子产品、橡胶产品、木材产品等都将成为该馆的展示内容。

TOP1：传统长屋

展馆一层的外廊和入口部分以伊斯兰教清真寺为原型，屋顶被柱廊架起，在表现手法上模拟传统长屋的模式。展馆外墙则借鉴了马来西亚传统印染的纹理，由蝴蝶、花卉、飞鸟和几何图案组成。

TOP2：迷你高尔夫球场与“双塔”摩天楼

马来西亚馆除了展示油棕、橡胶等特色经济植物以及沙滩、高尔夫球场等旅游休闲景点，还将展示普通马来西亚家庭的快乐生活。特别值得一提的是：场馆里有一个小型的高尔夫球场，虽然没有标准球场那样有辽阔的绿野和清清的流水，但是，参观者足可以在此体验到“推杆”的乐趣。两层展馆间的观光电梯被设计成吉隆坡“双塔”摩天楼。

TOP3：抽奖大礼

在马来西亚重大节日和中马建交纪念日，主办方还准备了抽奖活动，幸运的观众将有机会获得来自马来西亚的神秘礼物。

TOP4：艺术品和美食

展馆还将展示马来西亚的艺术品及其制作过程，并将为参观者提供传统的马来西亚食品，展馆向游客们提供清香的马来西亚白咖啡和营养丰富的肉骨茶。

国内四大城市出境游旅行社推荐

北京

中国国际旅行社总社有限公司

电话：8610-85228888

地址：北京市东城区东单北大街1号国旅大厦

网址：http://www.cits.cn/

中青旅控股股份有限公司

电话：40088-40086

地址：北京市东城区东直门南大街5号中青旅大厦

网址：http://www.aoyou.com/

中国康辉旅行社集团有限责任公司

电话：8610-65877676(总机)

地址：北京市农展馆南路5号京朝大厦一层

网址：http://www.cct.cn/

广州

广东省中国旅行社股份有限公司

电话：8620-83368888；40088-40011

地址：广州市越秀区回龙路8号

网址：http://www.gdcts.com/

广东省中妇旅国际旅行社有限责任公司

电话：8620-38371726

地址：广州市天河区珠江新城华穗路263号双城国际大厦东塔19层

网址：http://www.gwts.com.cn/

广东羊城之旅国际旅行社有限公司

电话：8620-83836222

地址：广州市越秀区越秀中路159号

网址：http://www.gdyczl.com/

上海

上海春秋国际旅行社

电话：400-820-6222(24小时)

地址：上海市定西路1558号

网址：http:// www.china-sss.com/

上海锦江国际旅游股份有限公司

电话：800-820-8286
400-820-8286

地址：上海市北京西路1277号国旅大厦

网址：http://www.jjtravel.com/

上海航空国际旅游(集团)有限公司

电话：962008

地址：上海市江苏路599号1-5楼

网址：http://www.satrip.com/

成都

四川省中国旅行社

电话：8628-68663138

地址：四川省成都市一环路南三段15号华侨大厦（中旅总部）4楼12室

网址：http://www.6cts.com/

四川康辉国际旅行社有限公司

电话：8628-86081599 8628-86082599

地址：成都市天仙桥北路1号守候大厦3楼B20室

网址：http://www.shutours.com/

四川省中国青年旅行社

电话：400-666-7643 /8628-81343333

地址：四川省 成都市 白丝街57-59号(玉带桥街)玉带家私写字楼六层

网址：http://www.scly028.com/